심리학

시부야 쇼조 감수 | **김민경** 감역 | **이영란** 옮김

BM (주)도서출판 **성안당**

왜 저 사람은 이런 행동을 할까?

왜 내 생각대로 되지 않을까?

다른 사람의 본심을 알고 싶다.

이런 생각을 해 본 적이 있을 것이다. 이런 것들은 심리학으로 해결할 수 있다.

심리학은 사람의 언행과 그 안에 있는 심리 작용을 분석하는 학문이다.

심리학을 알면 얼굴이나 몸의 움직임으로 상대의 본심을 알 수도 있고 내 생각대로 다른 사람을 조종할 수도 있다.

즉 마음에 드는 상대가 나에게 관심을 갖게 하거나 사업 상대에게 예스라고 말하게 하는 일도 간단하다는 것이다.

이처럼 심리학을 사용하면 연애나 일 등 다른 사람과의 의사소통이 원활하게 이루어지게 할 수 있다.

또 심리학을 통해 진짜 자신을 알게 되거나 자신의 평가를 높일 수도 있다.

스트레스로 가득 찬 현대 사회에서 스트레스나 화로 고민하는 경우도 많을 것이다.

이것도 심리학으로 해결할 수 있다.

이 책에서는 일러스트와 그림을 바탕으로 '심리학이란 무엇인가'라는 기본적인 것부터 일상생활이나 비즈니스, 연애 등 다양한 장면에서 사용할 수 있는 테크닉을 알기 쉽게 설명하고 있다.

사람의 마음은 수수께끼투성이다. 하지만 심리학이 그 수수께끼를 풀어 줄 수 있다.

이 책에서 소개한 심리학이 여러분의 인생에 조금이나마 도움이 되기를 바란다.

메지로대학 명예 교수
시부야 쇼조

차례

CONTENTS

잠 못들 정도로 재미있는 이야기 **심리학**

제4장

마음에 드는 사람의 마음을 붙잡는 연애 테크닉 71

제6장

제 1 장

심리학이란 무엇인가?

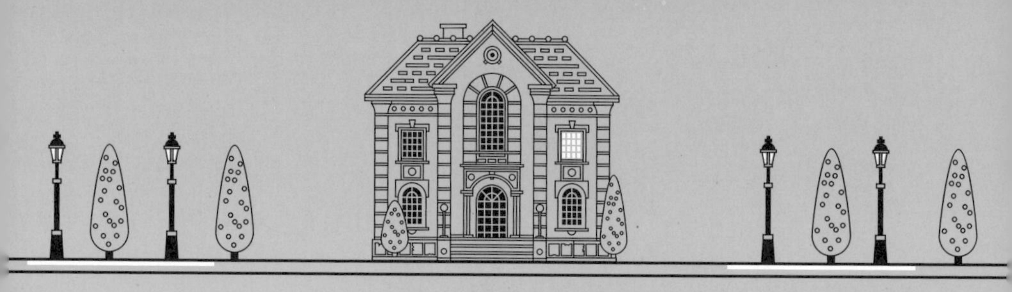

01 심리학은 마음의 원리를 아는 과학

행동이나 몸에 나타나는 변화를 분석하여 무의식을 추측한다

영어로 Psychology라고 하는 '심리학'은 그리스어의 마음(psyche)과 논리(logos)라는 두 단어에서 유래한 말이다. 이는 1590년에 독일 철학자 루돌프 고클레니우스가 논문 제목에 처음으로 사용했다고 한다.

이 용어로부터 알 수 있듯이 심리학은 **인간의 마음의 원리를 논리적으로 연구하는 학문**이다. 그리고 몇 백 년에 걸쳐 과학적인 방법으로 계속 연구되고 있다.

여러분도 '다른 사람과 좋은 관계를 구축하려면 어떻게 해야 할까?', '저 사람의 마음을 알 수 있는 방법이 없을까?'라고 생각해 본 적이 있을 것이다.

심리학에서는 그런 마음의 원리를 **실험과 관찰, 면담과 같은 다양한 방법으로 검증**해서 표면화되기 어려운 의식(무의식)의 작용을 밝혀 간다.

마음은 보이지 않는다. 하지만 마음의 움직임은 행동이나 신체의 변화로 표면화된다. **표정이나 몸짓, 눈의 움직임, 말 등을 분석함으로써 심리 상태를 짐작할 수 있는 것이다.**

무의식적으로 나타나는 행동이나 몸의 움직임에는 그 사람의 마음속의 모습이 반영되는 법이다. 그 의미를 알고 잘 활용하면 일이나 인간관계 그리고 인생에도 플러스 효과를 가져올 수 있다.

사람의 언행은 심리 작용에 따른 것

사람의 언행은 심리 작용과 관련되어 있다. 그 작용 방법과 관련 방법 등을 밝히는 학문이 심리학이다.

STEP 1	STEP 2	STEP 3
"~하고 싶다"	"~하자"	"~했다"
'○○을 먹고 싶다', '○○을 갖고 싶다' 등. 뭔가를 원할 때의 심리.	'하고 싶다'가 동기가 되어 일어나는 언행. '먹고 싶다'에서 '가게에 가자' 등.	욕구가 충족되었거나 충족되지 않았을 때의 심리. '만족한다' 등.

욕구

행동

만족(또는 불만족)

타인의 언행의 이유를 알 수 있다

심리학을 알면 이상하다고 여겼던 사람의 언행의 의미를 알 수 있게 되어 일을 자신의 생각대로 진행시킬 수 있다.

사람의 마음은 알 수 없다고 생각하면 내 뜻대로 일이 진행되지 않고 인간관계도 개선되지 않는다.

머릿속을 들여다보듯이 알 수 있게 되어 내 뜻대로 일을 진행할 수 있다.

02 마음과 뇌는 어떻게 관련되어 있을까?

대뇌피질과 우뇌·좌뇌가 마음을 컨트롤하고 있다

17세기 프랑스 철학자 르네 데카르트는 마음과 뇌가 독립적이라고 주장했다. 현재의 심리학에서는 **뇌의 작용에 따라 마음이 만들어진다**고 여기는 것이 일반적이다.

마음을 컨트롤하는 것은 대뇌에 있는 **대뇌피질**이다. 대뇌피질은 대뇌 표면을 형성하는 2~5밀리미터 두께의 층으로, 사고와 감정, 정동, 의사, 인지, 언어, 기억과 학습, 수면과 각성, 운동 제어에 관여하고 있다.

대뇌피질은 밑에서부터 고피질(파충류 뇌), 구피질(구포유류 뇌), 신피질(신포유류 뇌)로 된 3개의 층이 겹쳐져 있는데 고피질은 본능(식욕이나 성욕 등), 구피질은 정동(유쾌, 불쾌, 화 등), 신피질은 고도의 마음의 작용(언어, 예술, 창작 등)에 관여한다.

또 대뇌는 기능에 따라 4개의 부위(전두엽, 후두엽, 측두엽, 두정엽)로 나뉜다. 사람의 뇌는 이런 대뇌 외에 뇌간이나 소뇌 등으로 구성되어 있다.

뇌에 대한 연구가 진행됨에 따라 발전한 것이 **신경심리학**이다. 뇌과학(신경과학)과 함께 구축된 심리학으로, 인지, 사고, 언어활동, 기억과 같은 고차 기능을 분석한다. 신경 세포나 우뇌·좌뇌에 대한 연구도 계속되고 있어 **사람의 마음에 어떤 영향을 끼치고 있는지**와 같은 수수께끼의 해명도 진행되고 있다.

뇌의 구조와 마음의 작용

인간의 뇌는 다양한 마음의 작용에 관여하고 있는데 대뇌, 뇌간, 소뇌 등과 같은 여러 기관이 각각의 역할을 담당하고 있다.

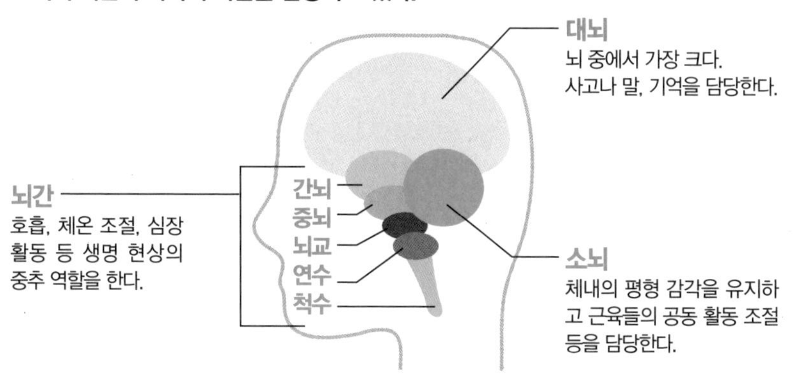
대뇌
뇌 중에서 가장 크다.
사고나 말, 기억을 담당한다.
뇌간
호흡, 체온 조절, 심장
활동 등 생명 현상의
중추 역할을 한다.
간뇌
중뇌
뇌교
연수
척수
소뇌
체내의 평형 감각을 유지하
고 근육들의 공동 활동 조절
등을 담당한다.

뇌의 구조와 감정

무의식적인 감정(emotion)은 대뇌피질과 전두엽이 관여하고, 의식적인 감정(feeling)은 대뇌변엽계(편도체, 해마, 시상하부)와 간뇌, 자율 신경계, 내분비계, 골격절 등 말초(뇌 외부 조직)가 관여한다고 알려져 있다.

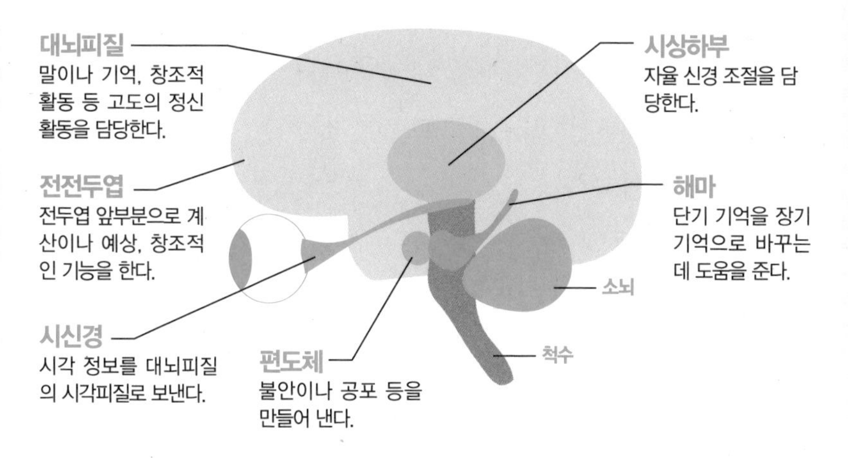
대뇌피질
말이나 기억, 창조적
활동 등 고도의 정신
활동을 담당한다.
전전두엽
전두엽 앞부분으로 계
산이나 예상, 창조적
인 기능을 한다.
시신경
시각 정보를 대뇌피질
의 시각피질로 보낸다.
편도체
불안이나 공포 등을
만들어 낸다.
시상하부
자율 신경 조절을 담
당한다.
해마
단기 기억을 장기
기억으로 바꾸는
데 도움을 준다.
소뇌
척수

03 심리학으로 자신과 타인을 이해한다

자기 안의 의식과 무의식을 알면 인생이 풍요로워진다

나답게 살고 싶어도 생각처럼 잘 되지 않는 법이다. 사람의 마음에는 '자신의 마음은 이것'이라고 의식하는 것과 **자각할 수 없는 무의식이 있다**고 한다.

또 성장 과정에서 어른들로부터 받는 교육이나 사회 속에서 배우는 상식 등이 본래의 자신 위에 덮어써져 자신의 본질과 가치관이 보이지 않는 경우도 있다.

심리학으로 표면화되어 있는 자신을 이해하는 것은 물론 **무의식 속에 감추어진 진짜 자신, 가치관, 심층 심리 등을 끌어낼 수 있다.** 심리학은 진짜 자신과 만남으로써 고통에서 해방되고 인생을 즐기는 힌트를 주는 도구이다.

물론 심리학은 타인의 마음을 이해하는 데도 활용할 수 있고 보다 좋은 인간관계, 원만한 가정, 강한 조직 구축에도 도움이 된다.

핵심은 **비언어적 의사소통**이다. 인간은 말뿐만 아니라 표정, 몸짓, 행동으로도 메시지를 전달하려고 하며 이는 무의식적으로 이루어진다.

기쁨, 슬픔, 혐오, 공포, 놀람과 같은 감정으로부터 생겨나는 표정은 **제어할 수 없는 불수의 운동**으로 나타난다. 이를 잘 해석함으로써 타인의 본심을 알 수가 있는 것이다.

심리학으로 진짜 자신을 알자

사람은 타인의 눈이나 학식 등에 영향을 받아 진짜 자신을 마음 깊숙이 감추고 만다. 심리학을 활용하면 진짜 자신을 만날 수 있다.

비언어적 의사소통으로 본심을 알아낸다

비언어적 의사소통을 해석하면 그 사람의 본심을 알아낼 수 있다. 미국의 심리학자 냅은 비언어적 의사소통을 다음과 같이 분류한다.

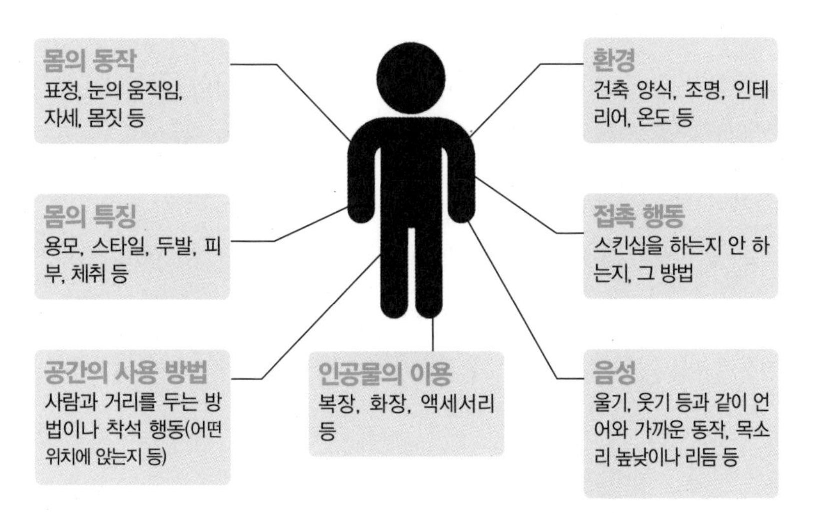

몸의 동작
표정, 눈의 움직임, 자세, 몸짓 등
환경
건축 양식, 조명, 인테리어, 온도 등
몸의 특징
용모, 스타일, 두발, 피부, 체취 등
접촉 행동
스킨십을 하는지 안 하는지, 그 방법
공간의 사용 방법
사람과 거리를 두는 방법이나 착석 행동(어떤 위치에 앉는지 등)
인공물의 이용
복장, 화장, 액세서리 등
음성
울기, 웃기 등과 같이 언어와 가까운 동작, 목소리 높낮이나 리듬 등

04 심리학으로 인간관계와 일이 호전된다

서로의 개성을 이해하고 효율적인 능력 향상을 꾀한다

인간은 기계가 아니므로 모두가 똑같은 사고방식이나 행동을 하는 경우는 없다. 하나의 목표를 갖고 있는 동료 사이에도 각각 다른 사고방식이나 행동을 취한다. 이것을 서로 '개성'으로 이해하고 인정함으로써 보다 좋은 인간관계를 구축해 갈 수 있다.

심리학에서는 이런 개성은 본래 갖고 있는 성격 외에도 어떻게 자랐는지, 과거에 어떤 일을 경험했는지와 같은 환경에 의해서도 형성된다고 여기고 있다. 똑같은 개성을 가진 사람은 없다고 인식하면 타인에 대한 짜증이나 불신감도 불식할 수 있을 것이다.

심리학으로는 비즈니스나 공부를 성공시키는 테크닉을 얻을 수가 있다. 사고력, 발상력, 기억력과 같이 비즈니스나 공부에 빼놓을 수 없는 능력은 마음의 작용을 알면 더 효율적으로 향상시킬 수 있다.

19세기 독일의 심리학자 에빙하우스는 기억력이 학습 효과에 미치는 영향을 검증했다. 그 이후 기억력은 심리학 중에서도 메인 테마로 연구가 계속되고 있다.

개성을 아는 것은 자신과 타인에게 모두 장점이 있다. 심리학으로 얻을 수 있는 사람의 마음을 장악하는 기술을 잘 활용하여 비즈니스와 사생활을 모두 성공으로 이끌자.

심리학을 응용하여 행복해지자

심리학을 알면 사람과 의사소통하는 방법이나 부하의 의욕을 끌어내는 방법, 고객이 좋아하는 상품 등을 알 수 있게 된다. 잘 활용해 보자.

어떻게 자랐어?

과거에 어떤 일이 있었어?
어떤 교육을 받았어?
형제와 관계는 어때?

보다 좋은 의사소통을 하기 위해

상대의 성격이나 개성을 파악하고 의사소통에 활용함으로써 보다 좋은 인간관계를 구축할 수 있다.

보너스!!
월급 UP!

직원의 의욕을 높이면 업무 능률이 올라가 모두가 행복해진다.

평가받지 못했다.
월급이 안 오른다.

직원의 마음을 모르면 의욕도 올라가지 않고 업무 효율과 평가도 올라가지 않는다.

직원의 의욕을 높여 가성비 UP!

마음의 메커니즘을 알면 직원의 의욕을 높여 업무 능률을 올릴 수 있다.

사고 싶은 가격은?
원하는 디자인은?
유행하는 디자인은?
눈이 가는 디자인은?

상품을 더 잘 팔 수 있다

쇼핑하는 사람의 심리를 알고 상품이나 서비스가 더 잘 팔리도록 궁리할 수 있다.

05 철학에서 태어나 과학으로 발전한 심리학

아리스토텔레스에서 분트를 거쳐 프로이트, 융으로 발전

고대 그리스의 철학자 아리스토텔레스는 '마음은 아무것도 쓰여 있지 않은 습자지와 같은 것'이라고 말했다. 또 17세기 프랑스의 철학자인 데카르트는 '인간의 마음에는 사물을 지각하는 능력이 겸비되어 있다'고 했다.

과학적으로 분석하는 '심리학'이 등장하는 것은 1879년의 일이다. 실험 심리학의 아버지라 불리는 독일의 분트가 대학에서 실험 심리학 연습이라는 강의를 한 것이 근대 심리학의 출발이라고 한다.

19세기 심리학은 더욱 과학적인 실증을 바탕으로 하는 학문으로 발전했다. 19세기 후반 분트는 철학적인 이론을 배제하고 관찰과 실증을 보다 중시하는 의식주의를 제창했다.

분트는 마음은 다양한 요소의 집합체라고 생각했지만 이를 나중에 부정한 것이 게슈탈트 심리학이다. 독일의 심리학자 베르트하이머 등은 '마음은 하나의 집합체로, 여러 요소로 분할할 수 없다'고 했는데 현재는 이 생각이 계승되고 있다.

또한 분트는 '의식'의 존재를 가지고 심리학을 해명하려고 했지만 오스트리아의 정신과 의사인 프로이트는 '사람의 마음에는 무의식이 있다'는 이론을 확립했다. 그리고 스위스의 심리학자인 융도 무의식의 존재를 논했는데 무의식에는 개인적인 무의식과 보편적인 무의식이 존재한다고 생각했다.

심리학의 발걸음

● 19세기 말 **분트 심리학**

마음은 다양한 요소의 집합체라고 여기고 마음의 내면을 관찰하는 내관요법에 의해 의식을 관찰하거나 분석한다. 모든 것은 다양한 요소의 집합체로 구성되어 있다는 생각으로부터 구성주의라고도 한다.

사람의 마음에는
다양한 내적 요소가
작용하여 이를
통합하고 인식한다.
이 통합의 법칙을
해명하면 마음의
움직임을 알 수 있다.
분트
(1832~1920)

● 20세기 초 **게슈탈트 심리학**

분트의 구성주의를 부정하고 마음은 전체가 하나로 되어 있는 것으로 분할할 수 없다고 했다. 사람은 부분이 아니라 전체(게슈탈트)로서 대상을 인식하고 있으며 그러한 마음의 인식 방법을 연구한다.

인간의 마음은 하나의
전체성을 가지며 각
요소로 환원할 수 없
다. 전체가 부분으로
환원되면 그 의미를
잃어버린다.
베르트하이머
(1880~1943)

● 20세기 전반 **프로이트 정신분석**

사람의 마음은 이드(원초아)와 에고(자아), 슈퍼에고(초자아)로 되어 있으며 자아에 의해 이드가 제어된다고 여긴다. 이드란 무의식 속에 있는 정신 에너지로, 그중에서도 성적 에너지가 가장 큰 힘을 갖고 있다고 여겼다.

이드란 예를 들면
성난 말이며 그 성난
말의 고삐를 쥐고 있
는 것이 자아이다.
자아는 지각이나 감정
등의 주체로 자기의식
이라고도 한다.
프로이트
(1856~1939)

● 20세기 전반 **융 심리학**

프로이트와 마찬가지로 무의식에 착안했다. 프로이트가 무의식을 억압받은 기억이나 충동을 넣는 곳으로 생각한 데 비해 융은 무의식을 좀 더 보편적이고 신화적인 것과 연결된 것이라고 여겼다.

무의식에는
개인적 무의식과
보편적 무의식(집단
무의식)이 있으며,
보편적 무의식에는 전
인류 공통의 지혜나
역사가 담겨져 있다.
융
(1875~1961)

06 다양한 분야로 확대되는 심리학

온갖 과제와 연결되어 사람과 사회를 지키는 중요한 학문

심리학은 2000년이 넘는 역사 속에서 많은 철학자, 심리학자, 정신과 의사 등에 의해 연구되어 온 학문이다. 현대에는 의학, 교육, 경제, 산업 등 다양한 분야와 협력하며 사회에서 빼놓을 수 없는 학문이다.

심리학은 크게 **기초심리학과 응용심리학**으로 나뉜다.

기초심리학은 심리학의 근간이 되는 현상을 연구하고 인간을 집단으로 보고 실증을 한다. 최근에는 세뇌나 마인드 컨트롤을 연구하는 **사회심리학**, 태어나서부터 생을 끝낼 때까지의 심리 변화를 연구하는 **발달심리학**, 사물을 기억하고 활용하는 **인지심리학** 등이 주목을 받고 있다.

응용심리학은 기초심리학에서 구축된 이론을 다른 분야에 활용하는 심리학이다. 우울증이나 공황 장애, 의존증과 같은 마음의 병을 개선하기 위한 **임상심리학**, 범죄를 저지르는 심리를 연구하는 **범죄심리학**, 재해가 발생했을 때 사람에게 미치는 마음의 영향을 연구하고 피해를 입은 사람의 마음을 보살피는 **재해심리학** 등이 있다.

또한 기업의 업적 향상을 꾀하는 동기 부여와 유지, 상품의 매출을 좌우하는 구매 행동을 검증하는 분야도 있으며 산업이나 경제 발전에 기여하는 심리학 연구도 활발하다.

심리학은 크게 두 가지가 있다

심리학은 크게 기초심리학과 응용심리학으로 분류된다. 심리학은 문과부터 이과까지 다양한 학문과 융합하여 새로운 심리학이 태어나고 있다.

기초심리학

심리학의 근간이 되는 현상을 연구하는 심리학으로, 인간 집단에 초점을 맞춘다. 연구 방법은 실험 중심이다.

사회심리학

사람의 행동을 다른 사람으로부터 받는 자극이나 반응의 결과로 생각하고 연구한다.

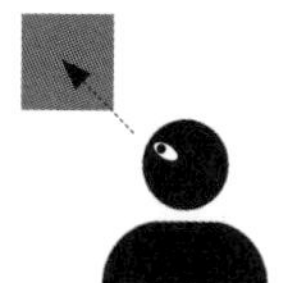

발달심리학

사람의 마음과 신체의 발달과정의 메커니즘을 연구한다.

인지심리학

사람은 사물을 어떻게 받아들이는지 그 원리를 밝힌다.

지각심리학, 학습심리학, 인격심리학, 이상심리학, 언어심리학, 계량심리학, 수리심리학, 생태심리학 등

응용심리학

기초심리학에서 얻은 법칙을 다양한 분야에 활용하는 심리학. 인간 개인에게 초점을 맞춘다.

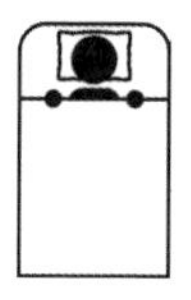

임상심리학

심리 문제의 증상 개선을 목표로 치료에 힘쓴다.

범죄심리학

흉악 범죄와 사회의 병리를 해명한다.

교육심리학

어떻게 가르치면 좋은지를 탐구한다.

산업심리학, 학교심리학, 법정심리학, 커뮤니티심리학, 가족심리학, 재해심리학, 환경심리학, 교통심리학, 스포츠심리학, 건강심리학, 성심리학, 예술심리학 등

07 어떤 일에 활용될까?

심리학의 전문가가 힘쓰는 마음의 병이나 재해 후의 지원

심리학은 다양한 분야와 연결되어 있다. 재해나 사건 발생, 사회의 변화, 가치관의 다양성, 그리고 팬데믹 등 여러 가지 불안 요소가 사람들을 덮치는 현대에서는 더욱 중요한 역할을 하고 있다.

우울증, 적응 장애, 은둔형 외톨이, 공황 장애 등과 같은 마음의 문제와 마주하는 것이 임상심리학이다. 자격을 갖춘 전문가가 환자를 대상으로 면담, 관찰, 분석 등을 실시한다.

공인심리사, 임상심리사는 약물 투여는 할 수 없기 때문에 심리 요법으로 개선을 지원한다(약물 투여는 정신과 의사가 한다).

또 큰 재해 후에 빼놓을 수 없는 것이 **재해심리학**이다. 인명이나 재산을 잃었을 때 받는 큰 충격이나 공황은 세월이 지나도 마음에 큰 상처를 남긴다.

불면증이나 악몽이 계속되고 기억력이 저하되며 살아있는 것에 죄책감을 느끼는 등 다양한 형태로 신체에 나타나는데 이를 **외상 후 스트레스 장애(PTSD)**라 한다. 심리학에 의해 구제될 가능성이 있는 분야 중 하나이다.

이러한 심리학을 활용한 직업으로 국가 자격증인 공인심리사를 비롯하여 임상심리사, 심리상담사, 학교상담사, 산업상담사, 정신건강사회복지사, 음악요법사, 가족상담사 등 많이 있다.

다양한 현장에서 활용되는 심리학

심리학은 사람의 마음의 작용을 과학적으로 분석하는 학문이니만큼 사람과 관련된 분야라면 어떤 분야에서든 활용할 수 있다.

마음의 문제를 치유하는
임상심리학

고민을 안고 있는 사람의 마음을 임상심리학의 치료법 중 하나인 모래놀이치료 등을 사용하여 치유할 수 있다.

갱생에 도움이 되는
범죄심리학

죄의 형벌을 받은 후 범죄자가 자연스럽게 사회 복귀를 할 수 있도록 범죄심리학을 활용한다.

사회생활을 윤택하게 하는
사회심리학

개인이나 집단의 행동, 유행 현상을 분석하여 대인 관계나 조직 환경을 개선하거나 적절한 정보를 제공한다.

인생의 위기를 피할 수 있는
발달심리학

발달심리학에 의해 인생의 각 단계에서 발생하는 심리 사회적 위기를 회피하는 방법을 알 수 있다.

인공지능 개발에 도움이 되는
인지심리학

사물을 인지하는 마음의 작용을 정보처리 시스템으로 파악하는 인지심리학에 의해 인공지능을 발달시킨다.

재해 후 마음을 돌보는
재해심리학

재해심리학을 활용하여 재해 등을 당한 사람들의 정신적 충격을 경감시킬 수 있다.

COLUMN

심리 테스트 ①
'마음속의 나무'

가만히 눈을 감고 '넓은 초원 한 가운데에 있는 한 그루의 큰 나무'를 떠올려보기 바란다. 그리고 오른쪽 사각형 안에 그려보자.

마음의 노화도를 판명!

소나무나 동백나무와 같은 상록수를 그린 사람

노화도 7%. 일 년 내내 푸른 잎이 무성한 상록수를 그린 사람은 매우 생기가 있다.

느티나무나 단풍나무와 같은 낙엽수를 그린 사람

노화도 30%. 가을이 되면 시들어 버리는 낙엽수. 주위의 의견이나 행동에 좌우되기 쉽다.

잎이 말라 버린 나무를 그린 사람

노화도 75%. 지금은 잎이 떨어져 있어도 다시 싹튼다. 지금은 생각한 대로 잘 되지 않아도 분명 꽃이 필 것이다.

고목나무를 그린 사람

노화도 99%. 선 채로 시들어 버린 나무는 열등감이나 무력감의 표현이다. 포기하지 않고 앞을 향해 가도록!

제 2 장

심리학을 통해 진짜 자신과 만난다

08 스트레스를 긍정적으로 제어한다

보는 방법에 따라 사물은 변하니 쓸데없이 두려워 말고 적절히 대처하자

스트레스는 좋지 않은 뜻으로 많이 사용되지만 본래는 자극에 대한 마음의 반응으로, 감동이나 흥분도 스트레스의 일종으로 여긴다. 심한 스트레스를 느끼거나 스트레스를 느끼는 상태가 오래 지속되면 심신에 여러 가지 부하가 걸린다.

미국의 심리학자 **라자루스**는 **동일한 현상이라도 받아들이는 방법에 따라 스트레스를 줄일 수 있다**는 것을 실험으로 밝혔다. 실험 참가자를 그룹으로 나눠 똑같은 충격적인 영상을 보여준다. 그룹에 따라 '고통을 주는 영상', '기쁨으로 이어지는 영상', '문화를 관찰하기 위한 영상'이라고 미리 말해 준다.

사전에 아무런 정보를 주지 않은 그룹과 '고통'이라고 정보를 준 그룹은 스트레스를 많이 느꼈고, '기쁨'과 '관찰'이라고 정보를 준 그룹은 스트레스 정도가 낮은 결과가 나왔다. 즉 **어떤 사건을 긍정적으로 받아들이면 스트레스를 줄일 수 있다는 것이다.**

그 외에도 싫은 일을 정면으로 부딪치는 적극적인 자세나 스트레스로부터 거리를 두는 노력, 환경을 바꾸는 노력, 일어난 일을 알아보고 냉정하게 분석하는 등 스트레스 대처법도 여러 가지가 있다.

또 목욕이나 가벼운 운동으로 몸을 이완시켜 마음의 안정을 꾀하는 것도 효과적이다.

스트레스로 자율 신경의 균형이 깨진다

스트레스는 자율 신경의 균형을 깨는 원인이다. 스트레스가 너무 많아지면 교감 신경만 작용하여 몸을 회복시키는 부교감 신경의 기능이 둔화되므로 몸이 안 좋아진다.

육체적 스트레스
운동 부족, 수면 부족, 불규칙한 생활, 과도한 업무, 꽃가루 알레르기, 소음, 더위, 추위, 병, 상처 등

정신적 스트레스
일이나 연애와 관련된 압박, 장래에 대한 불안, 인간관계, 양육, 집단 괴롭힘, 할당 노동량, 실적 부진, 좌천 등

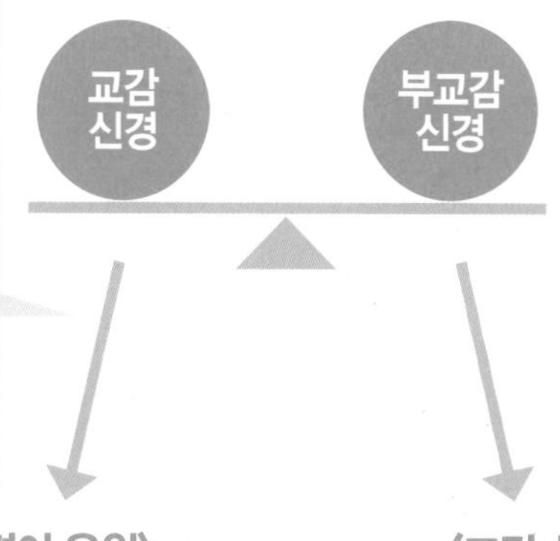

혈관이 이완되어 혈압이 떨어진다. 심박수가 줄고 심신이 평온한 상태가 된다.

혈관이 수축되어 혈압이 올라간다. 심박수가 늘어 심신이 활동적인 상태가 된다.

09 분노의 감정을 물리치는 스톱법

6초 동안 사고와 행동을 정지시켜 분노의 감정이 지나가게 한다

분노를 억누르지 못하는 사람이 늘고 있다. 감정을 폭발시켜 버리는 행동은 많은 위험을 안고 있다. 인간관계를 망가뜨리거나 권력 남용으로 소송에 걸리는 사태까지 초래할 수도 있다.

'돌아버리다'라는 말로 표현될 정도의 강력한 분노는 6초가 피크라고 한다. 겨우 6초, 그러나 그 6초에 감정이 집중되기 때문에 억누르기 어렵다.

화를 컨트롤하기 위해서는 냉정할 때 자신이 어떤 경우에 분노를 느끼는지를 분석해 두는 것이 효과적이다. 화를 낼 때는 '상대가 잘못했다', '잘못을 알게 해 주겠다'와 같이 자신을 정당화하는 경향이 있지만 냉정한 상태에서는 분노의 폭주가 근본적인 해결이 아니라는 점을 인식할 수 있을 것이다.

더욱이 분노의 원인에 가능한 한 접근하지 않는 것이 좋다. 화가 난다고 느낀 경우에는 일단 한번 마음을 비우고 모든 행동을 정지시킨다. 방법으로는 마음속에서 '스톱'이라고 외치는 것이 좋다. 이것을 '스톱법'이라고 하는데 그 사이에 분노의 정점을 지나가게 하는 것이다.

그 외에도 그 자리를 벗어나서 마음속으로 6초를 센다. 소중한 것이나 행복했던 일을 떠올리는 등 대처법은 여러 가지가 있다. 자신에게 맞는 대처법을 찾아보도록 하자.

분노의 정점은 6초

이상과 현실이 다르면 분노의 감정이 솟아오르지만 밖으로 나오지 않도록 조절하는 것이 중요하다. 화를 진정시키는 방법을 머릿속에 담아두자.

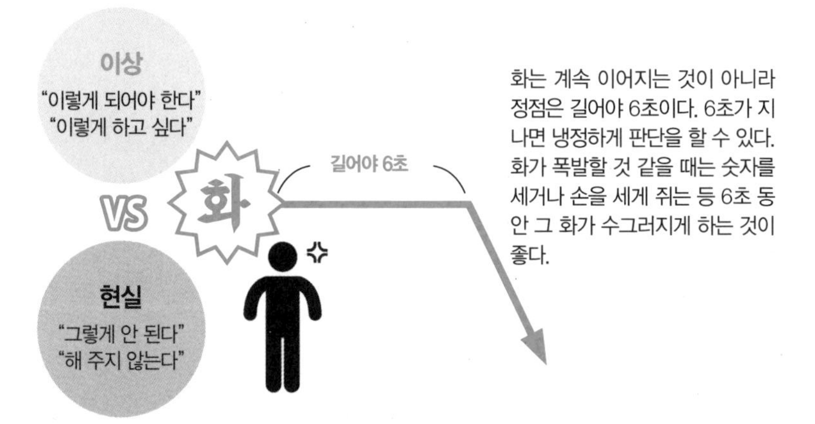
이상
"이렇게 되어야 한다"
"이렇게 하고 싶다"
VS
화
길어야 6초
현실
"그렇게 안 된다"
"해 주지 않는다"

화는 계속 이어지는 것이 아니라 정점은 길어야 6초이다. 6초가 지나면 냉정하게 판단을 할 수 있다. 화가 폭발할 것 같을 때는 숫자를 세거나 손을 세게 쥐는 등 6초 동안 그 화가 수그러지게 하는 것이 좋다.

스톱법으로 화를 물리친다

화와 같은 부정적 감정을 가볍게 만들 수 있는 것이 스톱법(별칭 사고정지법)이다. 화가 날 때는 다음과 같은 행동을 하면 감정이 수그러지게 만들 수 있다.

책상을 친다

고무줄을 튕긴다

'스톱!'이라고 말한다

허벅지를 꼬집는다

일기를 쓴다

근처에 있는 사람에게 말을 건다

10 '나는 안돼'에서 벗어나는 방법

자기 효능감을 높이면 긍정적인 사고로 바뀐다

사람은 누구나 '나는 할 수 있다'와 '나는 안된다'라는 상반된 감정을 갖고 있다. 이 두 감정은 모두 살아가는 데 필요하며 이 둘의 균형에 따라 '자신감 있는 사람'과 '소극적인 사람'이 결정된다.

'나는 안되는 인간'이라는 사고에서 벗어나고 싶은 경우 '자기 효능감(self-efficacy)'을 높이는 것이 도움이 된다.

자기 효능감이란 캐나다의 심리학자 반두라가 주장한 감각으로 '나는 할 수 있을 것이라고 기대하는 감각'이다. 반두라는 이를 높이기 위한 포인트를 4가지 들었다.

가장 중요한 것은 '달성 체험' 또는 '성공 체험'이다. 자신이 달성한 일을 다시 한 번 떠올려 보는 것이다.

다음으로 누군가가 성취해 놓은 모습을 보고 자신도 할 수 있다고 느끼는 '대리 체험'이다. 그리고 '너라면 할 수 있다'라고 말로 격려하는 '언어적 설득'이 있다.

더욱이 '생리적 정서적 고양'은 잘 못하는 일을 극복했다는 사실에 의해 기분이 올라가는 것으로, 처음에 나온 '달성 체험'과도 통하는 부분이 있다. 즉 갑자기 너무 큰 목표로 설정하지 말고 할 수 있을 것 같은 일을 해내서 달성 체험을 쌓아가는 것이 자기 효능감을 높이고 긍정적인 사고를 손에 넣는 지름길이다.

자기 효능감이란

자기 효능감(self-efficacy)이란 '나라면 할 수 있다'고 자신의 힘을 믿는 확신의 정도를 말한다. 자기 효능감의 정도에 따라 사람의 행동에 차이가 생긴다.

사람
효능 기대
'나는 잘 행동할 수 있다'
행동
결과 기대
'행동하면 이렇게 된다!'
결과

행동하기 전 단계에 갖추고 있는 '나라면 할 수 있을 것'이라는 자신의 힘에 대한 기대를 가리킨다. '자기 효능감 = 효능 기대'가 된다.

행동한 결과로 얻는 가치에 대한 기대를 가리킨다. 예를 들어 담배를 끊으면 지출이 줄기 때문에 돈이 모인다 등.

자기 효능감을 높이는 4가지 포인트

반두라는 4가지 포인트로 자기 효능감이 형성된다고 분석했다. 이것들은 자신감으로 이어지는 요소로, 자기 긍정감을 높이는 데 가장 효과적인 것은 달성 체험이다.

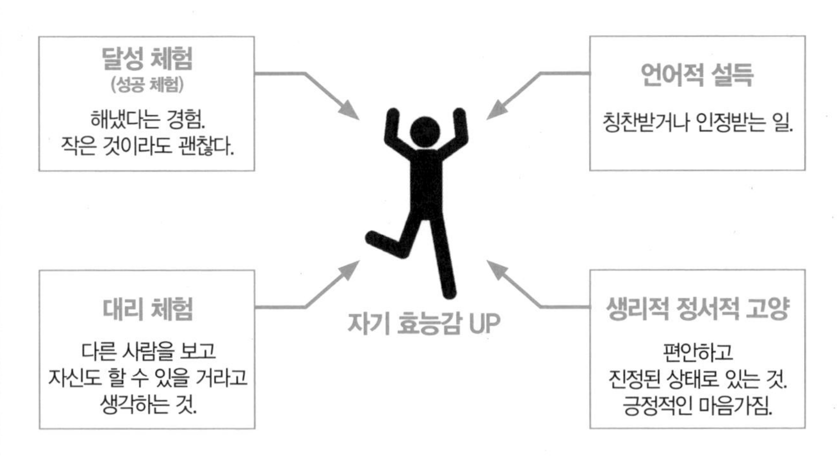
달성 체험
(성공 체험)
해냈다는 경험.
작은 것이라도 괜찮다.
언어적 설득
칭찬받거나 인정받는 일.
대리 체험
다른 사람을 보고
자신도 할 수 있을 거라고
생각하는 것.
자기 효능감 UP
생리적 정서적 고양
편안하고
진정된 상태로 있는 것.
긍정적인 마음가짐.

11 '쇼핑으로 스트레스를 발산'하는 것을 주의하자

사면 살수록 더 갖고 싶어지는 끝이 없는 의존증의 어둠

'돈은 돌고 돈다'는 말이 있다. 하고 싶은 것을 모두 포기하고 '돈을 쓰지 않는 것'만을 목적으로 하는 행동은 분명 문제가 있다. 하지만 '돈을 쓰는 것'이 목적인 행동도 똑같이 문제가 있다.

'쇼핑 중독'이라는 말은 쇼핑으로 스트레스를 해소하거나 만족감을 얻는 증상을 말한다. 쇼핑 자체가 목적이므로 사는 순간에는 만족하지만 다시 또 쇼핑을 하고 싶어진다.

그 결과 계속 쇼핑을 하지 않으면 불안해지고 결국에는 살림이 파탄나 버린다.

쇼핑 중독의 기준은 수입으로 지출을 충당하지 못하고 빚을 내서라도 계속 쇼핑을 하고 마는 상태이다.

의존증은 성격이 아니라 **마음이 보내는 SOS 신호**이다. 주위의 협조나 전문 기관의 도움을 받아 정신 상태를 개선할 필요가 있다. 쉽게 쇼핑을 하지 못하도록 신용카드를 해지하거나 가계부를 쓰는 방법도 있지만 그 이전에 '쇼핑에 의존하는 마인드'를 바꿔야 근본적인 문제를 해결할 수 있다.

인간관계를 다시 생각하거나 취미를 갖는 등 **쇼핑 외에 즐길 수 있는 것이나 몰입할 수 있는 것을 찾는 것도 중요**하다.

쇼핑 중독이 되는 과정

쇼핑에는 스트레스 발산이나 기분 전환의 효과가 있다. 갖고 싶은 것이 있어서 사는 것이 아니라 사는 행위가 목적이 되었다면 쇼핑 중독의 시작이다.

갖고 싶은 것을 사는 것보다 스트레스나 불안을 해소하기 위해 쇼핑을 한다.

쇼핑을 하면 일단은 만족하지만 스트레스나 불안은 해소되지 않는다.

만족을 얻기 위해 쇼핑을 반복하고 돈이 남아나지 않게 된다.

무리한 빚을 내서까지 쇼핑을 되풀이하게 되면 쇼핑 중독이다.

쇼핑 중독은 다른 병을 유발한다

쇼핑 중독이 무서운 점은 지불 능력을 넘어서더라도 쇼핑을 멈출 수 없다는 점이다. 파산의 위험은 물론 더 심해지면 여러 가지 질병을 유발할 위험도 있다.

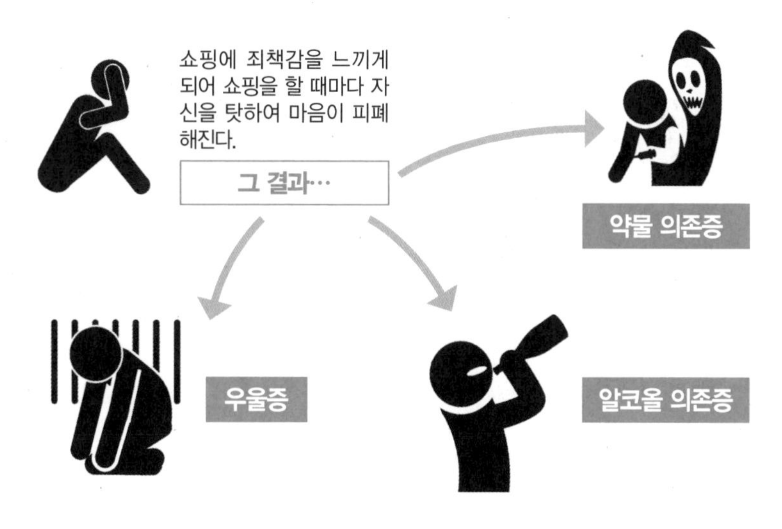

쇼핑에 죄책감을 느끼게 되어 쇼핑을 할 때마다 자신을 탓하여 마음이 피폐해진다.
그 결과…
약물 의존증
우울증
알코올 의존증

12 마음에 안 드는 상대야말로 공감해 주자

이야기를 들어주면 사이가 좋아지고 동의를 하면 신뢰를 얻는다

그냥 싫다, 싫어서 별로 이야기하고 싶지 않다, 이런 사람이 누구에게나 있다. 가까이 가지 않을 수 있다면 별 문제 없겠지만 비즈니스나 인간관계상 가까이에서 접해야 하는 경우에는 어떻게 해야 좋을까?

어른이므로 아무렇지 않은 얼굴을 하고 대할 수도 있을 것이다. 하지만 이런 경우 상대의 신뢰를 얻고 싶은 감정을 극복해 볼 좋은 기회라고 생각하면 어떨까?

좋은 인간관계를 구축하는 핵심은 상대의 이야기를 들어주는 것이다. 사람은 자신의 이야기를 들어주면 '인정받고 있다'고 느낀다. 자신의 이야기를 열심히 들어주는 사람, 더욱이 공감해 주는 사람에 대해 친밀감이나 호감을 갖게 되는 것이다.

'마음이 안 맞는 사람의 이야기 따윈 듣고 싶지 않다'고 생각하지 말고 상대가 어떤 사람인지 왜 마음이 안 맞는다고 생각하는지를 관찰할 생각으로 고개를 끄덕이면서 이야기를 들어보자.

분명 이야기 속에 뭔가 공감할 수 있는 부분이나 자신과의 공통점이 있을 터이다. 거기서 '나도 그렇다'고 하면 상대의 신뢰를 얻을 수 있고 자신도 그 사람에 대해 친밀감을 느낄 수 있다.

의견이 맞으면 호감도가 올라간다는 사실은 미국의 심리학자 번과 넬슨이 실험으로 증명했다. 물론 싫어하는 사람뿐만 아니라 잘 지내고 싶은 사람에 대해서도 마찬가지이다.

사람은 자신과 똑같은 의견을 가진 사람에게 호감을 갖는다

심리학자 번과 넬슨은 '의견의 유사성과 호감도' 실험에서 사람은 똑같은 의견을 갖는 사람에게 호감을 느낀다는 것을 실험으로 증명했다. 의견이 일치하면 할수록 상대에 대한 호감도가 올라간다.

다양한 분야에 대한 의견을 학생으로부터 모은 후 실험 참가자에게 다른 학생의 조사표를 보여주고 그 학생의 지적 능력이나 교양, 도덕성 등을 평가하는 실험을 했다.

실험 참가자는 자신의 의견과 일치하는 비율이 높을수록 상대에게 호감을 가졌다. 이 사실을 반대로 생각하면 싫어하는 사람의 의견에 일부러 동의해 가면 상대를 받아들일 수 있다는 것이다.

상대의 몸짓에 주의하여 대응한다

회의 중에 상대가 어떤 심리 상태에 있는지는 무의식적인 동작으로 어느 정도 예상할 수 있다. 상대의 동작을 보고 대응하면 의사소통이 원활해진다.

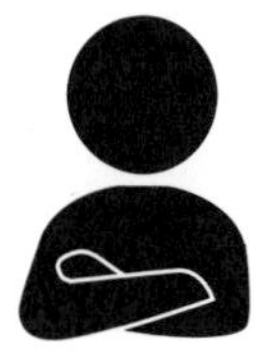

자기방어의 표현으로 상대가 받아들이도록 힘쓴다.

다리를
꼭 모으고 있다

긴장하고 있다는 표현이므로 상대를 안정시키도록 한다.

입 주위나 턱에
손을 대고 있다

발언에 신중을 기하고 있으므로 말하기 쉬운 분위기를 만든다.

여자가 머리카락을
만지작거린다

이야기나 상대에게 관심이 없다는 표현으로 화제를 바꾼다.

13 심리 실험으로 미지의 자신과 대면한다

'조하리의 창'으로 자신을 아는 자기 분석 관리

알고 있는 듯하면서도 사실은 모르거나 잘못 인식하고 있는 것이 바로 자신이라고 한다.

자신을 올바르게 아는 것은 **최강의 자기 관리 방법이며 인간관계를 원만하게 하는 포인트**이기도 하다. 그러기 위해서 자신이 생각하는 자신과 남이 본 자신의 차이를 비교하는 '조하리의 창'이라는 방법이 있다.

'조하리의 창'은 미국의 심리학자 **조셉 러프트**와 **해리 잉햄**이 개발한 자기 평가와 타인 평가의 인식 차이를 알고 자기 분석을 하기 위한 툴이다. 나를 아는 사람들을 모아놓고 나를 어떤 사람으로 생각하는지를 적게 한다.

자유롭게 작성해도 좋고 미리 준비한 '성실', '리더십이 있다', '덜렁댄다'와 같은 항목에서 선택하게 하는 방법도 있다.

동시에 자신도 자신이 어떤 사람인지를 적는다. 자신과 지인이 모두 쓴 것은 **'열린 창'**이다. 자기만 쓴 것은 **'숨겨진 창'**이다. 지인만 쓴 것은 **'보이지 않는 창'**이다.

이 세 창에 더해 **'미지의 창'**이라는 자기도 타인도 모를 가능성의 창이 있다.

지인의 평가나 어떤 창에 어떤 의견이 모였는지를 보면 **자신의 진짜 모습이 보이게 될 것이다.**

몰랐던 자신을 깨닫는 '조하리의 창'

'조하리의 창'은 자신을 객관적으로 보기 위한 자기 분석 도구이다. 자신이 생각하는 자신의 성격과 다른 사람이 본 나의 성격을 적어 보면 자기에게 어떤 경향이 강한지를 알게 되고 몰랐던 자신을 발견할 수 있다.

다른 사람은 안다

자신을 완전히 드러냄으로써 다른 사람이 나를 보다 깊이 이해할 수 있게 한다. 이 영역이 넓어지면 의사소통이 원활해진다.

야구 좋아하지?

네.

열린 창

자신과 다른 사람이 모두 알고 있는 부분. 공개된 자신.

다른 사람이 지적해야 비로소 깨닫는 자신. 타인의 지적을 받음으로써 이 영역은 좁아진다.

나르시스트지?

뭐?!

숨겨진 창

스스로는 깨닫지 못하지만 다른 사람에게는 보이는 부분.

자신이 안다

조하리의 창

자신은 모른다

보이지 않는 창

자신은 알고 있지만 다른 사람에게는 보이지 않는 부분.

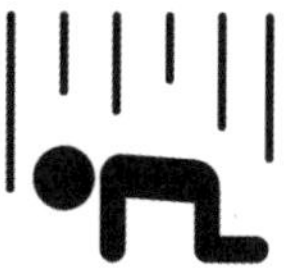

사실은 부정적이야.

주위 사람은 깨닫지 못한 부분. 이 영역이 넓어지면 의사소통에 지장이 생긴다.

미지의 창

자신도 다른 사람도 모르는 부분. 무한한 가능성을 품고 있다.

어떤 의미에서 무한한 가능성을 품고 있는 부분. 자신의 가능성을 믿고 계속 도전함으로써 이 영역은 좁아진다.

다른 사람은 모른다

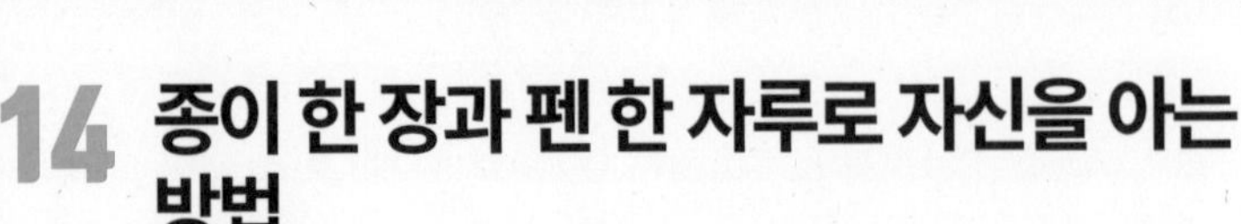

14 종이 한 장과 펜 한 자루로 자신을 아는 방법

자신과 마주하는 20개의 항목으로 새로운 일면을 발견한다

자기 혼자 할 수 있는 자기 인식법도 있다. 자신 안에 있는 무의식적인 감정이나 욕구를 끄집어내기 위해서는 '투사법'이라는 성격 테스트가 도움이 된다.

투사법으로 분류되는 테스트에서는 '20답법(Who am I? 테스트)'이 간편하고 효과적이다. 준비할 것은 종이와 펜뿐이고, 할 일은 '나는 ○○이다'라는 문장을 20개 적는 것뿐이다.

20개 정도야 간단하다고 생각할지 모르지만 도중에 점점 망설이게 될 것이다. 그리고 내면을 파고 들어가는 내용이 만들어질 것이다. 이 20개를 술술 쓸 수 있는지 좀처럼 쓸 수 없는지로도 늘 자신을 생각하고 있다, 자신에 대해 무관심하다, 자신과 마주하고 싶지 않다 등과 같은 경향도 깨달을 수 있다.

적은 20개의 항목의 내용에 대해서는 분석이나 평가, 판단을 하는 것이 아니라 자신이 자신을 어떻게 생각하고 있는지를 객관적으로 아는 수단에 그친다. 자신이 마주하지 않았던 약점이나 자랑스럽게 생각하는 점, 지향하고 싶은 자세 등이 드러나는 것을 알아차릴지도 모른다.

20답법은 '문장 완성법'이라고도 하는 방법인데 그 외에도 그림을 그려 말풍선을 채우는 '풍선 테스트', '나를 동물에 비유하면?' 등 어떤 것을 다른 것에 비유시키는 '비유법' 등 투사법에도 여러 가지가 있다.

자신의 숨겨진 일면을 깨닫는 20답법

미국의 심리학자 케니와 맥팔랜드가 개발한 자기 분석법 중 하나인 '20답법'을 사용하면 억제되어 있던 욕구나 고민 등 자신에게 감추어져 있던 일면을 깨달을 수 있다.

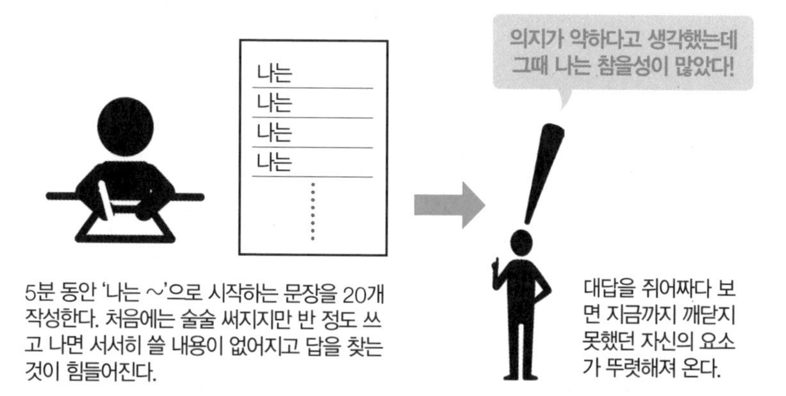
나는
나는
나는
나는
의지가 약하다고 생각했는데
그때 나는 참을성이 많았다!

5분 동안 '나는 ~'으로 시작하는 문장을 20개 작성한다. 처음에는 술술 써지지만 반 정도 쓰고 나면 서서히 쓸 내용이 없어지고 답을 찾는 것이 힘들어진다.

대답을 쥐어짜다 보면 지금까지 깨닫지 못했던 자신의 요소가 뚜렷해져 온다.

여러 방법으로 자신과 마주한다

무의식적인 욕구와 감정을 끌어내는 방법으로는 20답법 외에도 많다. '투사법'이라고 부르는 이런 방법으로 자신과 마주하는 습관을 키워두면 어려운 일에 직면했을 때 해결책을 잘 찾을 수 있게 된다.

그림 속의 사람이
뭐라고 말하고 있나?
당신을 동물에 비유
하면 무슨 동물이지?
난 고양이야.

말풍선 테스트

그림의 빈 말풍선을 채우는 작업으로 숨겨진 자신의 감정을 깨닫는다.

비유법

어떤 것을 다른 사물이나 사람으로 비유하는 작업으로 자기 자신이 깨닫지 못했던 감정 등을 깨달을 수 있다.

15 인터넷에서 비방을 하는 이유

익명이거나 집단일 때 사람은 실제보다 더 비도덕적이 된다

이해관계가 없는 개인의 의견에 대해 얼굴을 보고 '넌 틀렸어', '살 가치가 없어'라고 말하는 사람이 있을까?

있다면 그 사람이야말로 이상한 사람일 것이다. 그런데 이와 똑같은 일이 인터넷상에서는 당연한 듯 일어나고 있다.

중상모략하거나 얼굴을 맞대고는 입에 담을 수 없는 심한 말을 던진다. 하나의 대상을 향해 몰려들어 상처를 주려고 한다. 그중에는 '잘못을 바로잡아 주겠다'는 정의감을 내세우는 사람도 있는데 과연 사람들 앞에서 자신의 신분을 직접 밝히고도 똑같은 일을 할 수 있을까?

이것은 **익명성에 의한 '몰개성화 상황'이 일으키는 것**이다. 익명일 때 사람이 냉혹하고 폭력적이기 쉽다는 점은 미국의 심리학자 **짐바르도(Philip George Zimbardo)**의 실험으로 증명되었다.

그리고 공격을 반복함으로써 점점 냉혹함을 더해 간다는 사실도 알게 되었다. 이런 상태가 집단화된 인터넷 세계는 편리하지만 위험을 안고 있다.

만일 **자신이 공격 대상이 되었다면 쓸데없이 반론하지 말고 그 자리를 피하는 것이 좋다.** 그리고 인터넷에 글을 쓸 때는 아는 사람에게 직접 말할 수 있는 내용을 전달 방법을 잘 생각해서 쓰도록 하자.

익명이 되면 사람은 잔인해진다

심리학자 짐바르도의 실험에 의하면 사람은 익명인 상황하에서 잔인해지기 쉽다고 한다. 사람이 인터넷에서 중상이나 비방을 하기 쉬운 것도 이런 이유에서일 것이다.

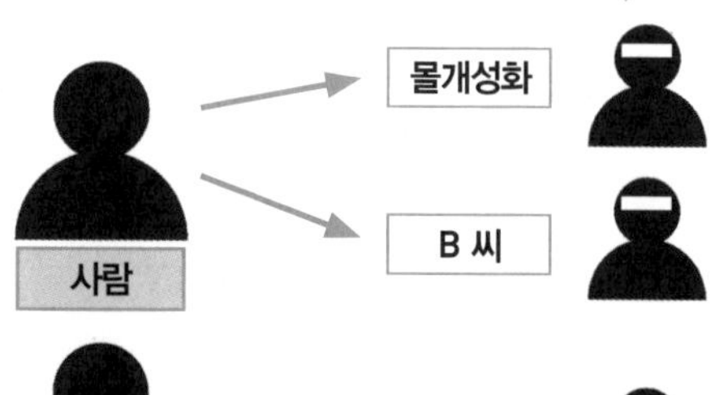

두 사람을 얼굴을 감춘 상태(몰개성화 상황)로 만들어 한 사람에게만 이름표를 붙인다. 그러면 사람은 이름표를 달지 않은 사람에게 더 잔인한 행동을 한다.

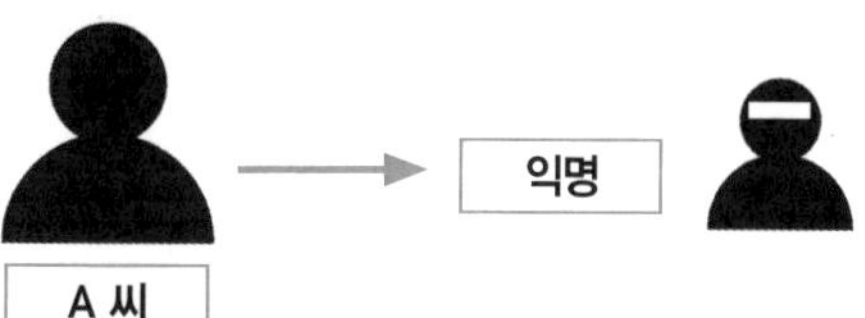

익명 상태와 이름을 밝힌 상태에서는 익명 상태가 더 상대에게 잔인한 행동을 한다. 이름을 밝힌 경우 자신도 아픔이 수반되기 때문이다.

사물을 음미하는 버릇을 들인다

캐나다의 심리학자 반두라의 실험에 의하면 사람의 공격 행동은 다른 사람의 공격 행동을 촉진한다고 한다. 공격에 가담하기 전에 일단 멈춰 서서 생각해 보는 것이 중요하다.

아이들에게 어른이 인형을 난폭하게 다루는 모습을 보여주면 그 아이는 영상을 보여주지 않은 아이에 비해 공격적이 되었다. 다른 사람의 공격성에 감화되어 자신도 공격적이 되는 현상을 모방 학습이라고 한다.

문제로 폭주하고 있는 SNS가 있으면 이렇게 많은 사람들이 비판하고 있으니까 이 사람이 나쁜 짓을 했을 것이라는 심리가 작용하여 폭주에 가담해 버린다.

깊이 생각하지 않고 동조하는 행동을 취하기 전에 자신의 행동이나 표현을 충분히 음미하는 시간을 가진 다음에 행동함으로써 폭주를 막을 수 있다.

16 하나의 가면을 고수하지 말고 산다

여러 얼굴을 가지면 기분도 자유로워질 수 있다

대학생이 가게에서 물건을 훔친 경우와 의사가 물건을 훔친 경우 사람들이 보는 시선은 완전히 다르다. 일반적으로 의사가 더 비난을 받는다.

이유는 '의사이니까 돈이 없지 않을 텐데'나 '사람을 돕는 일을 하는데'와 같이 **그 사람(직업)에 대해 사람들이 갖고 있는 이미지가 영향을 주기 때문이다.** 어떤 직업이든 어떤 사람이든 이런 이미지에서 완전히 자유로울 수는 없다. 그것이 **'다른 사람이 보는 자신'이기도 하기 때문이다.**

하지만 자기 자신이 이 이미지에 너무 사로잡히면 스트레스를 받는 경우가 있다. 예를 들어 '좋은 아버지', '능력있는 상사'와 같은 이상형을 너무 추구하면 거기에서 벗어난 요소를 자신에게 느낄 때마다 잘못된 자신을 책망해 버릴지도 모른다. 목표를 갖는 것은 좋은 일이지만 그렇지 않은 자신을 용서하지 않는 것은 힘든 일이다.

사람은 누구나 여러 얼굴을 갖고 있다. 남편이자 아버지, 상사이자 부하이기도 하다.

사람들이 봐 주었으면 하는 자신, 보여지는 자신을 **'공적 자기의식'**이라고 하며, 자신의 기분에 솔직한 모습을 **'사적 자기의식'**이라고 한다. 둘 다 필요한 것이므로 균형을 유지함으로써 스트레스가 적고 원활한 일상생활을 보낼 수 있도록 의식하는 것이 중요하다.

언제나 똑같은 가면을 쓸 필요는 없다

사람은 사회생활을 할 때 몇 가지 가면(페르소나)을 구분해서 쓴다. 자신이 소속된 사회 속에서 주어진 역할을 자신도 모르는 사이에 연기하고 있는 것이다.

육아 노이로제

사람은 페르소나라는 가면을 상황에 따라 바꿔 쓴다.

'좋은 엄마'라는 가면의 역할을 연기하는 데 과잉으로 적응해 버리면…

가면을 계속 쓰는 것이 부담이 되어 육아 노이로제와 같은 몸과 마음의 불화를 초래한다.

좋은 상사의 가면

믿음직한 친구의 가면

쿨한 고객의 가면

다정한 아버지의 가면

사회적 평가에 너무 집착하면 주위 의견에 동조함으로써 자신의 의견을 억누르고 욕구 불만 상태에 빠져버린다. 다양한 가면을 바꿔 쓰면 기분 전환을 잘할 수 있다.

사회적 평가의 착각에서 벗어난다

사람에게는 무의식적으로 다른 사람을 카테고리로 분류하고 판단하는 마음의 작용(스테레오 타입)이 있어서 자신도 스테레오 타입으로 묶는 기대라는 무거운 짐을 지고 살아간다.

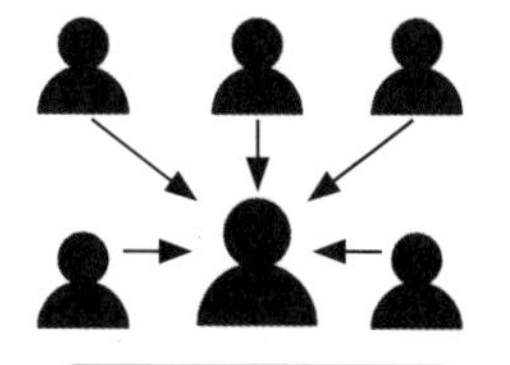

사회적 평가

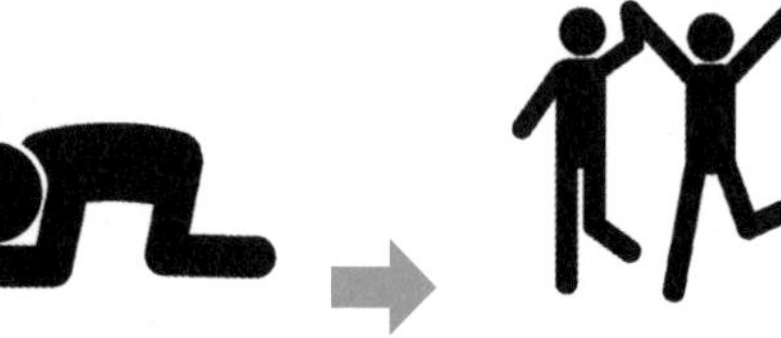

다른 사람이 자신을 어떻게 생각하는지와 같은 사회적 평가를 항상 신경 쓰며 일상생활을 보내고 있다.

사회적 평가의 착각이 스트레스가 되고 그것이 쌓이고 쌓여 순간적으로 범죄를 저지르는 경우도 있다.

너무 깊이 생각하지 말고 다른 사람의 눈을 신경 쓰지 말고 자신을 사랑하자. 적절히 기분 전환을 하는 것도 중요하다.

17 돈에 대한 욕구로부터 해방된다

갖고 싶다고 생각할수록 부족하다 - 돈의 신기한 심리학적 이유

만 원이라는 돈이 누구에게나 만 원어치 물건을 살 수 있는 금액이라는 점은 변하지 않는다.

하지만 그 가치는 사람에 따라 전혀 다르다. 매일 오천 원짜리 점심을 먹는 사람에게는 이틀치 점심값이 되고, 매일 이만 원짜리 점심을 먹는 사람에게는 하루치도 되지 않는다. 즉, **돈의 액수에 좌우되는 것은 그다지 의미가 없다는 것이다.**

중요한 것은 **그 돈이 자신에게 얼마만큼의 가치를 지니고 있느냐**이다. 그리고 그것은 자기 자신이 결정할 수가 있다. 스스로 돈의 가치를 컨트롤할 수 있다면 **돈에 휘둘리지 않게 된다.**

두 사람이 똑같은 월급을 받아도 한 사람은 항상 부족하다고 불평을 하는데 다른 한 사람은 즐겁게 만족하며 살 수 있다.

미국의 심리학자 **브루너(Jerome Seymour Bruner)**와 **굿맨**의 실험으로 고소득 가정의 아이들은 동전을 실물보다 작게 그리지만 저소득 가정의 아이들은 실제 크기보다 크게 그리는 경향이 있다는 것을 알게 되었다. 즉, **욕구가 강하면 그 대상이 크게 보인다**는 것이다.

돈은 갖고 싶다고 생각하면 생각할수록 큰 존재가 되어 돈에 휘둘리게 된다. 현재 상태로 충분하다는 것을 알고 지내는 것이 좋다.

돈을 보는 방법은 사람에 따라 다르다

사물을 보는 방법은 사회적 배경이나 욕구에 따라 달라진다. 이를 심리학자 브루너와 굿맨은 동전 실험으로 입증했다.

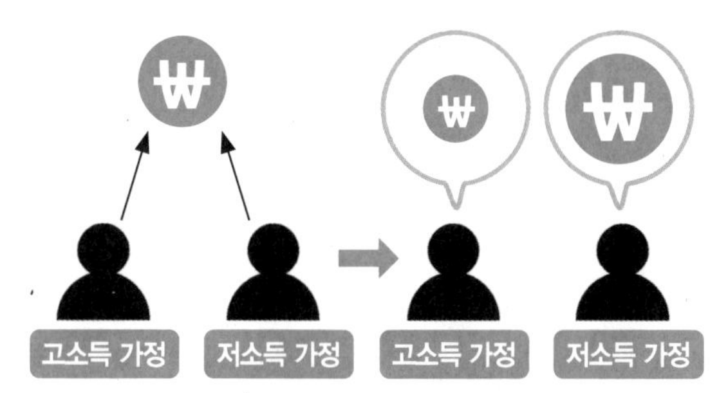

고소득 가정의 아이와 저소득 가정의 아이에게 동전을 보여 준 후 동전과 똑같은 크기의 원을 그리게 한다.

그랬더니 저소득 가정의 아이들은 동전을 실제보다 크게 그렸고, 고소득 가정의 아이들은 실제보다 작게 그렸다.

사회적 지각은 욕구에 좌우된다

사회적으로 가치가 있는 것은 지각적으로 강조되어 대상에 대한 욕구가 크면 클수록 강조도 커진다. 그래서 저소득 가정의 아이들에게 동전이 실제보다 크게 보였던 것이다.

자신의 욕구를 알고 컨트롤한다

자신이 무엇에 대해 욕구를 갖고 있는지를 파악해 두자. 자신의 욕구를 보이도록 하면 컨트롤할 수도 있다.

명품에 가치를 발견하는 사람에게는 돈을 얼마를 내더라도 갖고 싶은 상품인 반면 가치를 발견하지 못하는 사람에게는 그저 비싼 상품에 지나지 않는다.

사회적 평가는 절대적인 것이 아니라는 것과 자신의 가치관과 일치하지 않는다는 것을 자각하자. 그러면 자신의 욕구를 컨트롤할 수 있다.

COLUMN

심리 테스트 ②
'상사가 보고 있다?'

여러분은 사무실에서 컴퓨터를 보면서 일하는 중이다. 문득 '상사가 자신을 보고 있는 것' 같은 생각이 들었다. 그때 여러분은 이 상사에 대해 어떻게 생각했는가? 다음 4가지 중에서 선택해 보자.

상사가 여러분을 보고 있다. 왜일까?

A

'눈이 피곤하네' 하고 얼굴을 든 것일 뿐이다.
나를 보고 있는 것이 아니다.

B

나한테 무슨 용무가 있어서 이쪽을 보고 있었다.

C

누군가 다른 사람에게 일을 부탁하려고 하고 있다고 생각했다.

D

이런 일이 자주 있다. 별로 신경 쓰지 않는다.

☞ 심리 테스트 해답은 70쪽으로.

제 3 장

인간관계의 난제를 해결하는 의사소통 기술

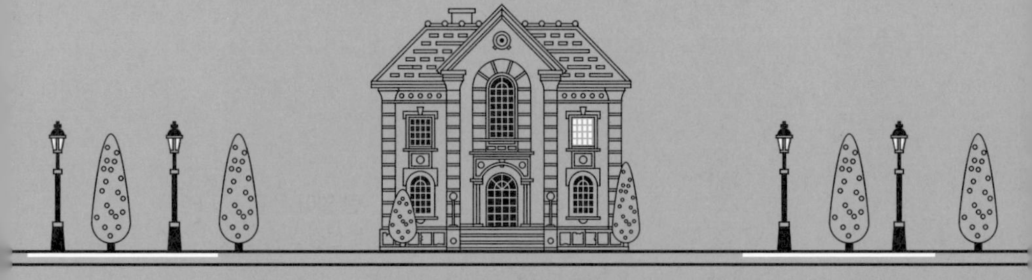

18 완벽주의를 버리고 기분 좋게 산다

100점을 바라지 않는 자신도 가치 있는 존재라는 것을 인정하자

일의 실수를 용납하지 않는다, 기한 내에 끝내기 위해 잔업은 당연하다, 주위의 평가를 실추시킬 수 없다 등 **지나치게 완벽주의를 추구**하고 있지 않는가?

완벽하게 해야 한다고 생각해 작은 것에도 너무 집착해서 시간이 걸려 기한 내에 완수하지 못한 자신을 용납 못한다. 더욱이 완벽을 추구하지 않는 사람을 인정 못하고 인간관계가 나빠지는 경우도 있다.

그렇다면 왜 완벽주의를 관철시키려고 하는 것일까? 이유는 어렸을 때부터 감점 방식으로 교육을 받고 가치관을 키워왔기 때문이라고 생각할 수 있다.

100점을 바라야 하고 100점을 못 받으면 인정받지 못하는 사회에서 자랐기 때문에 100점을 받지 못하는 자신은 가치가 없다고 생각하여 다른 사람에게 인정받고 싶다는 **인정 욕구(자기 긍정감)**가 충족되지 않게 된다. 그리고 인정 욕구의 저하를 두려워하여 100점을 목표로 더욱 괴로워하는 악순환이 일어나는 것이다.

인생을 즐기기 위해서는 완벽주의를 버리는 것도 하나의 방법이다. 100점을 목표로 한다 하더라도 그 외의 것은 다소 느긋해도 된다는 자세를 취함으로써 **일과 생활의 균형**을 잡을 수 있다. 그러면 인간관계도 윤택해질 것이다.

완벽주의자가 완벽을 추구하는 이유

미국의 심리학자 매슬로의 '욕구 단계설'에 따르면 사람의 욕구에는 5가지 단계가 있다. 완벽주의자는 존중의 욕구를 채우기 위해 완벽한 행동을 지향한다.

자아실현 욕구
자기답게 살고 싶다, 자신의 능력을 높이고 싶다는 욕구.

존중의 욕구
소속한 집단에서 존재를 인정받고 싶어하는 욕구. 자존 욕구라고도 한다.

사회적 욕구
친구가 필요하다는 것 등 가족이나 집단에 소속되고 싶어하는 욕구.

안전의 욕구
위험에서 벗어나고 싶다, 안전하게 살고 싶다는 욕구.

생리적 욕구
수면을 취하고 싶다, 먹고 싶다 등 생명 유지를 위한 근원적인 욕구.

완벽주의자는 완벽하지 않으면 인정받지 못한다고 생각한다. 이 경우 자신에게 가치가 있다고 생각하는 감각(자기 긍정감)이 낮아져 인정 욕구를 충족할 수 없게 된다.

완벽주의에서 벗어나는 법

완벽주의에 사로잡히지 않기 위해서는 유연한 사고를 가지는 것이 중요하다. 사고방식을 바꾸고 일과 생활의 균형을 정비하자.

칼럼법

힘들다고 느낀 상황 등을 적어 객관적으로 돌아본다. 기분이 바뀐 것을 자각하고 자신을 괴롭히지 않는 사고를 깨닫는다.

긍정적 사고로 전환

완벽하게 하는 것에 집착하기보다 자신이 만족할 수 있는 업무 방법이나 보람에 눈을 돌린다.

우선순위를 매긴다

힘을 빼도 되는 일에는 힘을 빼는 용기를 가지고 시간적으로 우선순위를 매겨 상황에 임한다.

스몰 스텝의 원리

갑자기 큰 일을 하지 말고 할 수 있는 작은 일을 쌓아 가며 자기 긍정감을 높인다.

19 적절한 거리를 두어 양호한 관계를 구축한다

퍼스널 스페이스를 알고 기분 좋은 관계를 유지한다

동물에게는 영역이 있어서 거기에 들어오려는 다른 동물을 피하려고 한다. 사람에게도 이와 똑같은 개념이 있는데 바로 **퍼스널 스페이스**이다. 이는 친하지 않은 사람은 다가오지 않기를 바라는 마음이다.

심리학에서는 사람과 사람 사이에는 관계에 따라 **적절한 거리감이 있다고 생각하여 이를 대인 간 거리**라고 한다. 미국의 문화 인류학자 홀은 대인 간 거리에는 가족, 연인, 친구와의 **밀접 거리**, 친구, 지인과의 **개인적 거리**, 일 관련자와의 **사회적 거리**, 전혀 모르는 사람과의 **공적 거리**, 이 4개의 패턴이 있다고 한다. 더욱이 각각을 **근접상과 원방상**으로 나눠 설명하고 있다.

보다 좋은 인간관계를 구축하려면 이 대인 간 거리를 의식하는 것이 중요하다. 밀접 거리에 있는 상대와는 타이밍을 잘 보고 다가가서 접촉함으로써 생각을 전할 수 있으며 상대에게 안심과 신뢰를 줄 수 있다. 하지만 처음 보는 타인이 이 거리 안으로 다가오면 누구나 불쾌감을 느낀다.

대인 간 거리는 말투에도 영향을 끼친다. 일로 관련된 상대에 대해 가족이나 연인처럼 말을 하면 '친한 척하다니, 실례군!'이라고 화를 불러일으킨다. 반대로 친한 사람에게 너무 정중한 말투를 사용하면 '믿음이 안 가나?'라고 생각해 역효과가 나타나므로 주의해야 한다.

사람은 대인 간 거리를 구분해서 사용한다

사람은 무의식적으로 상대와의 친밀도에 따라 자신과 접근을 허용하는 심리적 거리를 구분해서 사용한다. 보다 좋은 인간관계를 구축하기 위해서는 대인 간 거리를 의식하는 것이 중요하다.

구분	범위	거리	설명
밀접 거리	근접상	0~15cm	숨소리까지 전달된다. 특별한 두 사람만의 거리.
	원방상	15~45cm	타인이 여기까지 다가오면 불쾌감이나 스트레스를 느끼는 거리.
사회적 거리	근접상	120~210cm	함께 일하는 동료와 지내는 데 최적의 거리.
	원방상	210~360cm	전체 모습을 볼 수 있는 거리.
개인적 거리	근접상	45~75cm	부부나 연인 이외의 사람이 들어오면 오해를 불러일으키는 거리.
	원방상	75~120cm	서로 손을 뻗으면 손끝이 닿는 거리.
공적 거리	근접상	360~750cm	개인적인 관계를 쌓기에는 어려운 거리.
	원방상	750cm~	몸짓으로 하는 의사소통이 주체가 되는 거리.

대인 간 거리는 취미로 가까워지기도 한다

대인 간 거리는 취미나 관심 등의 차이로 판단되는 경우도 있다. 같은 사고나 기호를 갖고 있는 사람끼리는 대인 간 거리가 가까워지기 쉽다.

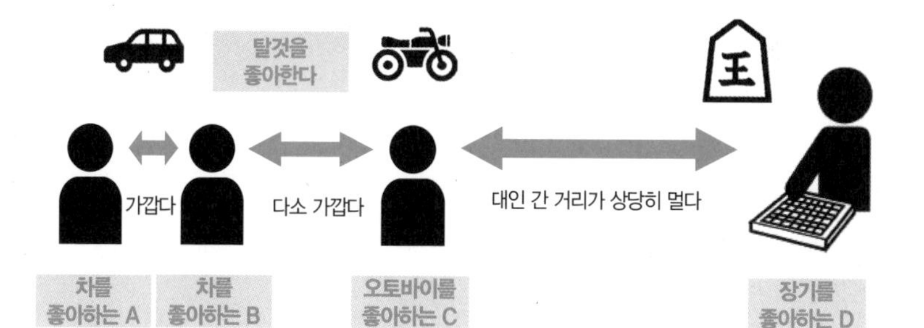

차를 좋아하는 사람끼리는 대인 간 거리가 가깝고, 오토바이를 좋아하는 사람도 탈것을 좋아한다는 점에서 대인 간 거리가 가깝다.

탈것을 좋아하는 사람과 장기를 좋아하는 사람은 기호가 다르므로 대인 간 거리가 멀다.

20 상대의 감정에 맞춰 평온함을 유지한다

말을 시켜 페이스에 맞춰 화가 진정되기를 기다린다

화를 내는 고객, 기분 나쁜 태도의 상사나 부하, 고민 때문에 우울해 하는 가족이나 친구 등 이런 상대와 말을 할 때는 매우 조심스럽다.

반론하거나 대항하는 듯한 말을 하면 상대는 더 기분이 상해 사태가 악화될 것이다. 이럴 때는 **일단 상대의 말을 들어주는 것**이 좋은 대처법이다.

이것은 심리학에서 **'수다 요법'**이라고 하는데 화가 나 있는 사람에게 계속 말을 시켜서 기분을 가라앉게 하는 테크닉이다.

또한 상대의 감정에 내 기분이나 말하는 방법을 맞추는 페이싱(pacing)이라는 방법도 효과적이다. 상대의 페이스에 맞춰 말을 함으로써 상대가 품고 있는 불안이나 불만을 제거하고 공감해 줌으로써 안도감을 불러일으킨다.

구체적으로는 **상대의 대화 속도나 목소리 톤에 맞춰(매칭) 똑같은 표정이나 몸짓(미러링)**을 하는 것이다.

화가 나 있거나 기분이 좋지 않은 상대에게 '자자, 진정해'라고 냉정하게 대처하면 불에 기름을 끼얹는 것과 같다. 먼저 상대의 기분에 자신의 기분을 맞춰 불길이 점점 진정되기를 기다리는 것이 정답이다.

불만이 있는 고객에게는 말을 시킨다

클레임 처리를 어설프게 대응하면 불에 기름을 붓는 것과 같다. 해결법은 그저 상대의 이야기를 계속 들어주는 것이다.

클레임 처리에서 상대가 말을 하고 있을 때 끼어드는 것은 금물이다. 상대는 더 화가 나 계속 클레임을 걸 가능성이 있다.

네, 네.
뭐, 알았으면 됐어.

기분이 풀릴 때까지 말을 시키면 상대는 점차 진정하게 된다. 상대가 냉정을 되찾고 나서 대책을 설명하는 것이 좋다.

수다 요법

상대의 말을 계속 들어준다는 심리 요법. 환자의 이야기를 잘 들어줘서 무의식적으로 봉인하고 있었던 것을 말하게 해 분석하는 기술이기도 하다.

공격적인 사람을 잘 응대하는 방법

화가 나 있는 사람과 대화를 할 때는 상대에 맞서지 말고 페이싱 테크닉을 사용하여 자연스럽게 대처한다.

매칭

목소리 톤이나 속도 등을 상대와 맞춘다.

튜닝

상대의 기분이나 정신 상태에 맞춘다.

미러링

몸짓이나 표정 등을 상대와 맞춘다.

21 절대로 거절하지 못하는 교섭 테크닉

부탁을 단계적으로 올리거나 내려 OK를 받는다

누군가에게 부탁을 할 때 그냥 '이거 해!'라고 해서는 쉽게 들어줄 리가 없다. 그럴 때는 도어 테크닉이라는 심리 테크닉을 구사하여 교섭을 원활하게 진행해 보자. 가족과의 교섭이나 사람에게 돈을 빌릴 때도 활용할 수 있다.

큰 부탁을 하기 전에 작은 부탁부터 단계적으로 늘려가는 방법을 풋 인 더 도어 테크닉(단계적 설득법)이라고 한다.

예를 들어 동료에게 일을 부탁할 때 '미안한데 1시간만 해 줄 수 있어?'라고 말을 건다. 그 정도라면 해 주겠다고 했을 때 '미안, 2시간 정도도 괜찮아?'라고 요구하면 한번 OK한 것을 거절하기 미안해진 동료는 '응, 괜찮아!'라고 승낙해 줄 것이다.

이와 반대로 먼저 큰 부탁을 한 후에 단계적으로 요구를 내려 최종적으로 원래 부탁하려고 했던 것을 들어주게 하는 방법을 도어 인 더 페이스 테크닉(양보적 요청법)이라고 한다.

예를 들어 1시간 정도의 작업을 부탁하고 싶을 때 '3~4시간 도와 달라'고 말해 보고 거절하면 '그럼 1시간만 해주면 안 될까?'라고 부탁을 한다. 그러면 상대는 그 정도라면 도와줄 수 있다고 생각이 들어 'OK!'라고 하게 만드는 방법이다.

거절 못하게 하는 5가지 테크닉

교섭에서 합의에 도달하기 위해서는 다양한 방법을 사용하여 상대의 태도나 행동을 바꿔야 한다. 5가지 교섭의 테크닉을 알아두자.

① 풋 인 더 도어 테크닉(단계적 설득법)

단계적으로 부탁의 난이도를 올려가는 방법. 맨 처음 부탁을 들어주면 그 다음의 어려운 요구를 거절하기 힘들어지는 사람의 심리를 이용한다.

② 도어 인 더 페이스 테크닉(양보적 요청법)

거절당할 것을 알고 처음에는 큰 요구를 던진 후 거절당했으면 작은 요구로 바꾼다. 상대는 처음 요구를 거절했다는 꺼림칙함 때문에 요구를 들어준다.

③ 일면 제시(1면 제시)

주장하고 싶은 내용이나 상대의 동의를 얻고 싶은 내용에 대해 플러스 면만을 전달하다.

④ 양면 제시(2면 제시)

상대의 동의를 얻고 싶은 내용에 대해 플러스 면과 마이너스 면 둘 다를 제시한다.

22 이름을 부르기만 해도 친밀감 상승

대화 중에 이름을 부르고 공통점을 찾아 인상을 좋게 만든다

비즈니스를 유리하게 진행시키고 싶을 때나 신입 사원이나 처음 대면하는 사람과 친해지고 싶을 때는 심리적 거리를 좁히는 것이 핵심이다. 이때 **대화 중에 상대의 이름을 불러보자.**

예를 들어 '좀 전에 말씀하신 건은…'이라고 할 것을 '○○ 씨가 말씀하신 건은…'이라고 상대의 이름을 넣기만 해도 친밀감과 신뢰감을 얻을 수 있다. 이 방법은 **온라인으로 거래나 회의, 회식을 할 때도 효과적**이다. 대화 중간 중간에 상대의 이름을 넣음으로써 잘 전달되었는지, 이해하고 있는지와 같은 상대의 불안을 떨치게 할 수 있다.

대화를 하면서 고개를 끄덕이거나 맞장구를 치는 것도 심리적 거리를 좁혀주므로 잘 듣고 있다는 자세를 취하면서 임하자.

잡담 중에 **공통점을 발견하는 것**도 신뢰감 상승으로 이어진다. 미국의 심리학자 하이더는 **자신, 상대, 공통점(사물과 현상)의 균형을 잘 잡음으로써 관계를 안정시킬 수 있다**고 했다.

사업 이야기 전후에 '○○ 씨가 추천하는 식당은 어디예요?'라고 묻고 그 대답에 대해 '나도 그 가게에 관심이 있다'고 말하면 공통점을 하나 발견해서 안정된 관계로 다가갈 수 있다. 사업 이야기 전에 공통점 거리를 몇 가지 준비해 두면 좋을 것이다.

상대와 친밀감을 높이는 방법

상대와 친해지고 싶을 때는 심리적 거리를 좁힐 필요가 있다. 온라인으로 사업 이야기나 회의를 할 때도 약간의 테크닉을 사용하면 상대가 받는 인상을 바꿀 수 있다.

A 씨는 ○○ 출신이죠?
나에게 관심을 갖고 있네!

대화 중에 상대의 이름을 부르면 뭔가 답례를 하지 않으면 안 된다는 반보성의 법칙이 작용하여 마음을 열어 준다.

A 씨, 오랜만이네요.
이름을 기억하고 있네!

다시 만났을 때 상대의 이름을 부른다. 이름을 불러주면 그 사람의 뇌에 옥시토신(행복 호르몬)이 분비되어 상대에게 호감을 가진다.

응, 응.
이해하고 있군….

대화 중에 고개를 끄덕인다. 고개를 끄덕인다는 것은 동의나 허가, 승인 등을 뜻하는 동작으로, 말하는 사람이 긍정적인 기분이 되어 듣는 사람에게 호감을 가진다.

공통점이 많으면 인간관계가 안정된다

심리학자 하이더는 사람에게는 어떤 사람과 타인, 공통점(사물과 현상), 이 삼자 간의 불균형을 피하고 균형을 유지하려는 심리 작용이 있다고 한다. 타인과 자신 사이에 공통된 관심이 있으면 양호한 인간관계를 구축하기 쉽다.

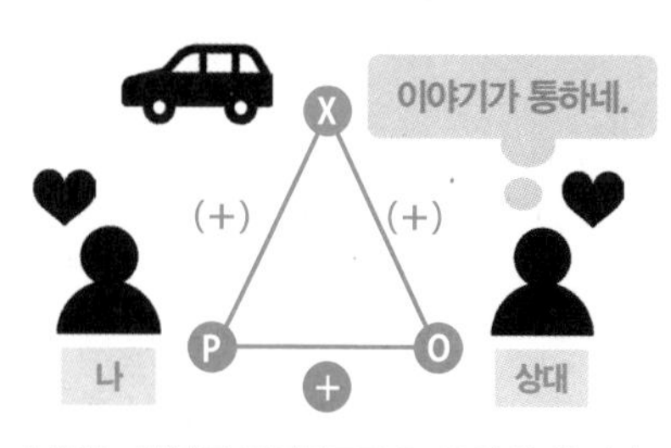

나(P)는 차(X)를 좋아하므로 P→X의 관계는 (+)이고 처음 만나는 상대(O)도 차를 좋아하므로 O→X의 관계도 (+)이다. 차 이야기를 꺼내면 나와 처음 대면하는 상대와의 관계는 (+)가 된다.

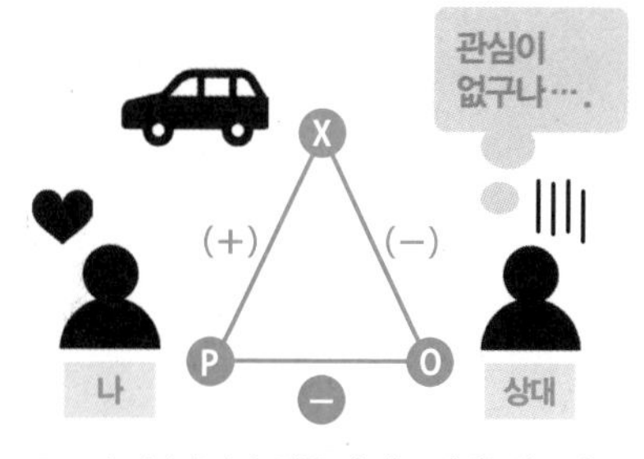

P→X는 (+)이지만 처음 만나는 상대(O)는 차를 좋아하지 않으므로 O→X는 (−)가 된다. 이 경우 차 이야기를 그만두고 다른 공통된 화제를 찾는다.

23 공언하여 동기 부여를 강화한다

목표를 설정해서 모두에게 공표하면 의욕을 자극한다

일에 의욕이 없는 부하, 공부 안 하는 아이, 다이어트에 돌입하지 못하는 자신 등 사람의 의욕 스위치는 잘 켜지지 않는다.

하지만 약간의 작업으로 동기를 부여하고 목표를 달성하게 할 수 있다. 바로 **많은 사람들 앞에서 목표를 선언**하는 것이다. 심리학에서는 이를 **퍼블릭 커미트먼트(서약·공약의 공표, 공적 약속)**라고 한다.

하면 될 것 같은 부하의 경우 매출 목표를 팀 전체에게 공언하게 한다. 공부를 안 하는 아이에게는 '7월 중에 계산 연습을 끝낸다'라는 목표를 가족 모두가 공유한다. 자신의 다이어트 목표도 가족이나 친구에게 발표하면 바로 돌입할 수 있을 것이다. **중요한 것은 목표를 혼자서 세우는 것이 아니라 다른 사람도 알게 하는 것이다.** 그러면 노력하게 되고 목표를 달성할 확률이 올라가는 것이다.

그래도 의욕이 생기지 않는 경우는 **콘트라스트(대비) 효과**를 사용한다. 의욕이 없는 사람에게 억지로 난제로 여겨지는 큰 목표를 제시하고 거부 반응을 보이면 본래 해야 할 작은 목표를 제시하는 것이다.

부하에게 '매출 목표는 천만 원'이라고 했는데 '무리'라는 반응이 되돌아왔다면 '그럼 오백만 원으로 하자. 자네라면 할 수 있어'라고 하는 것이다. 신뢰를 저버리면 안 된다는 마음이 들어 진지하게 노력하게 된다는 심리 효과이다.

사람들 앞에서 약속을 시킨다

사람은 목표를 세워도 자기 혼자서는 좀처럼 달성하기 어렵다. 목표를 많은 사람들 앞에서 선언하면 노력을 해서 달성할 확률을 높일 수 있다.

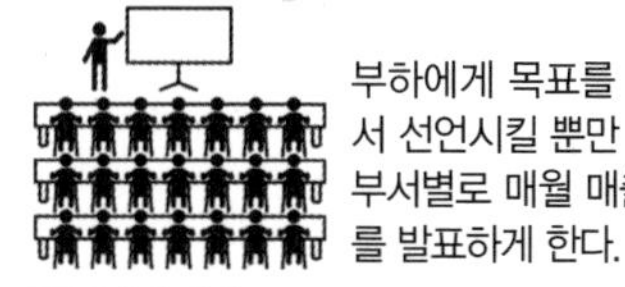

영업 실적에서 1위를 하겠다.
말을 꺼낸 이상 열심히 해야겠다….

부하에게 목표를 설정해서 선언시킬 뿐만 아니라 부서별로 매월 매출 목표를 발표하게 한다.

퍼블릭 커미트먼트
(서약·공약의 공표, 공적 약속)

목표를 많은 사람들 앞에서 공표하면 말한 본인은 책임을 자각하게 되어 목표 달성을 위한 행동력이 증가한다.

살을 빼겠어.

매일 블로그를 쓸 거야.

TOEIC 800점을 딸 거야.

선언하여 달성한다는 테크닉은 사업뿐만 아니라 다른 용도로도 사용할 수 있다.

자존심을 자극하여 의욕을 끌어낸다

조직 안에는 여러 다양한 사람들이 있으며 그중에는 의욕이 없는 사람도 있다. 그런 사람의 의욕을 끌어내려면 자존심을 자극하는 방법이 가장 좋다.

의욕이 없는 사원이 한 명이라도 있으면 다른 사원에게도 전염되어 일이 잘 진행되지 않는다.

발표 자료를 만들었으면 하는데….
발표 진행을 담당했으면 해.
네?

그럼 자료를 만들래?
그거라면….

의욕이 없는 직원에게는 처음에 심리적 부담이 높은 조건을 제시하고 나중에 가벼운 조건을 제시하면 후자를 선택한다는 콘트라스트(대비) 효과를 사용하여 지도하는 것이 좋다.

24 칭찬을 계속하여 부하의 능력을 끌어올린다

칭찬을 받으면 기대에 부응하려는 심리를 활용한다

실적 향상을 위해 모두가 한 마음이 되어보자고 부르짖어도 의욕을 보이지 않는 부하가 있으면 팀 전체의 사기도 저하된다. 그럴 때 취할 수 있는 방법은 질책이나 배제가 아니라 **부하를 칭찬하는 것**이다.

'보고서를 잘 정리해서 도움이 됐다', '고객이 자네가 능력 있는 사람이라고 했다' 등 아무튼 매일 칭찬한다는 작전을 쓴다. 칭찬할 거리가 없으면 '오늘 머리 모양 좋네' 정도도 괜찮다.

사람은 인사치레라고 알고 있어도 칭찬을 받으면 기분이 좋아지는 법이다. 그리고 계속 칭찬을 하면 **자존감도 올라가고 기대를 받고 있다고 생각하여 그 기대에 부응**하고 싶어진다. 심리학에서는 이것을 **자기 충족 예언**이라고 한다.

더욱이 상사나 동료로부터 칭찬을 받으면 그 기대에 부응하려고 하는 심리가 작용하여 **노력해서 보다 좋은 결과를 내려고 한다.** 이것은 **피그말리온 효과**라고 하는데 미국의 교육심리학자 로젠탈이 실험으로 증명했다.

이런 심리 효과는 사생활에도 활용할 수 있다. '좀 더 열심히 해주면 좋겠다'고 생각하는 사람을 칭찬해 보자.

지금까지와는 다른 성과를 얻을 수 있을지도 모른다. 단, 일부러 칭찬하는 느낌을 받지 않도록 자연스럽게 칭찬하는 것을 잊지 말도록 하자.

칭찬이 가장 좋은 상책

사람은 칭찬을 받으면 기분이 좋아지고 인사치레라는 것을 알면서도 보다 높은 곳을 지향하려는 기분이 든다. 칭찬으로 효율을 올리는 기술을 알아두자.

칭찬을 받으면 자존감이 생기고 더 좋은 평가를 받으려고 노력한다. 이것을 자기 충족 예언이라고 한다.

사람에게는 칭찬의 말을 들으면 의욕이 올라간다는 심리 현상이 있다. 이를 인핸싱(enhancing) 효과라고 한다.

칭찬으로 의욕이 생겼을 때 보수나 상벌과 같은 외적 동기를 부여받으면 사기가 떨어지는 경우가 있으므로 주의해야 한다.

기대를 받으면 사람은 성과를 올린다

미국의 심리학자 로젠탈은 사람은 기대를 받으면 성과를 올리려고 노력한다는 것을 실험으로 증명했다. 칭찬이 효율을 올리는 것이다.

사람은 기대를 받으면 그에 부응하려고 의욕을 끌어내고 성과를 올리려고 한다. 이 심리를 피그말리온 효과라고 한다.

다른 사람의 기대를 받지 못하거나 부정적인 평가를 받으면 의욕이 사라져 버리는 심리를 골렘 효과라고 한다.

야단을 칠 때는 채찍뿐만 아니라 당근도 같이

야단을 칠 때는 성공 시의 보수도 제안하거나 '기대하니까 그러는 거야'라는 말도 잊지 않도록 하자.

25 교섭을 잘하는 토크 기술

설명이 먼저인지 결론이 먼저인지로 상대의 동의를 끌어낸다

사람 앞에서 발표를 하거나 고객에게 영업을 할 때 대화에 자신이 없다고 느낀 적이 있을 것이다. 그럴 때는 **클라이맥스법** 또는 **안티 클라이맥스법**이라는 심리 테크닉을 추천한다.

클라이맥스법이란 설명을 먼저 하고 나서 마지막에 결론을 전달하는 방법이며, **안티 클라이맥스법은 결론을 먼저 전달하고 나서 설명을 하는 방법**이다.

어느 쪽을 선택할지는 교섭 상대가 여러분의 말을 적극적으로 들으려고 하는지 아닌지에 달려 있다. 만일 상대가 발표 내용에 관심을 가지고 긍정적으로 검토하려는 것 같으면 **설명→결론 순의 클라이맥스법**이 좋다.

반대로 처음부터 발표에 관심이 없는 상대에게는 **결론→설명 순의 안티 클라이맥스법**으로 대화를 진행해 보라. 이 방법은 회의나 협의에서도 활용할 수 있다. 출석자가 의사 내용에 찬성할 것 같으면 클라이맥스법을, 반대파가 많을 것 같으면 안티 클라이맥스법으로 설득을 한다.

물론 사생활에도 활용할 수 있다. 예를 들어 가족 여행의 행선지를 의논할 때 여러분의 제안을 가족이 찬성할 것 같으면 클라이맥스법을, 반대 세력이 강할 것 같으면 안티 클라이맥스법으로 임한다.

2가지 화법을 나눠 사용한다

이야기를 잘하는 사람은 2가지 패턴의 화법을 나눠 사용한다. 2가지를 적절히 사용해서 상대의 흥미를 끌어내 교섭을 유리하게 진행하는 것이다.

이 사람에게는 어떻게 말하는 것이 좋을까?

긍정적인 또는 형식을 중요시하는 사람. 끈기 있는 사람.

상대가 이쪽 이야기에 관심을 갖고 있는 경우. 예를 들면 면담이나 면접 등.

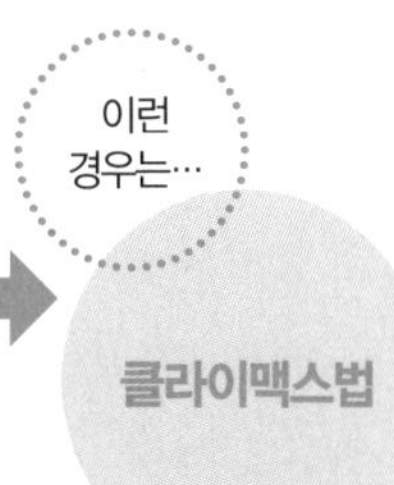

바빠 보이고 합리적인 생각을 하는 사람.

상대가 이야기할 내용에 관심이 없거나 들을 준비가 되어 있지 않는 경우.

교섭을 잘하는 사람은 관찰력이나 주의력이 뛰어나다. 순간적으로 상대의 심리나 분위기를 읽고 화법을 바꾸면서 상대의 말을 들어주면서 자신이 하고 싶은 이야기를 전달한다.

이야기를 잘 들어 줄 것 같다….

먼저 설명을 하고 결론을 마지막에 말하는 **클라이맥스법.** 상대가 관심을 보인다고 생각했을 때 결론에 들어간다.

별로 관심이 없을 것 같다….

결론부터 말하자면….

먼저 결론을 말해놓고 그 다음 설명을 붙여 가는 **안티 클라이맥스법.** 이야기의 도입부터 상대의 관심을 끈다.

26 어중간하게 끝나면 뒤가 궁금해진다

알고 싶거나 하고 싶은 마음은 미완성으로 만들어서 끌어낸다

어떤 일을 완수했을 때는 성취감이나 만족감을 얻을 수 있지만 일부러 완성시키지 않고 도중에 그만둔다는 심리 테크닉이 있다.

사람은 미완성이나 달성하지 못한 것이 있으면 신경이 쓰여 빨리 완성하고 싶고 달성하고 싶다는 마음이 생긴다. 이것을 미완성 효과(자이가르니크 효과)라고 한다.

예를 들어 영업처에 몇 번이나 가서 상품을 소개해도 계약을 따지 못했을 때는 일부러 대화를 어중간한 상태에서 끝내고 '다음에 연락 드리겠다'고 하고 돌아간다. 이렇게 빼는 듯한 태도를 보이면 영업처의 상대는 상품이 신경 쓰여 좀 더 이야기를 듣고 싶은 마음이 생길 수 있다.

또한 하루의 작업을 끊기 좋은 곳에서 그만두지 말고 일부러 어중간한 상태에서 종료해 보자. 그러면 중간에 그만둔 일이 신경이 쓰여 다음날 바로 작업에 들어갈 수 있다.

끊기 좋은 곳까지 다 끝내버리면 '어제 열심히 했으니까 오늘은 좀 편하게 지내자'라는 게으른 마음이 얼굴에 나타난다.

연애의 경우도 상대방의 연락에 바로 답장하지 않거나 질문을 일부러 패스하는 등 어중간한 느낌을 연출하면 상대로부터 '신경 쓰인다!'는 마음을 끌어낼 수 있으므로 시험해 보기 바란다.

달성하지 않음으로써 관심을 끈다

사람은 미완성이나 불완전한 것에 대해 왠지 모를 불안을 느낀다. 이런 심리 작용을 이용하면 사람의 관심을 크게 끌 수 있다.

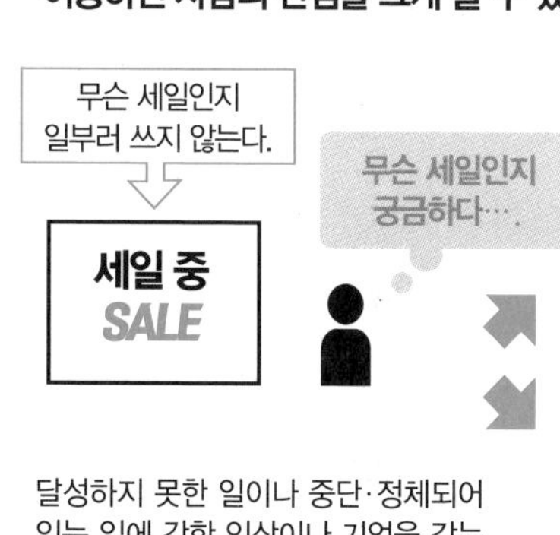

달성하지 못한 일이나 중단·정체되어 있는 일에 강한 인상이나 기억을 갖는 심리 현상(미완성 효과)을 이용하여 상대의 관심을 끌 수 있다.

텔레비전 드라마 등에서 딱 좋은 부분에서 '다음 회에 계속'이 나온다. 도중에 끊어진 아쉬움이 다음 회도 시청하게 만든다

첫 데이트에서는 너무 급하게 접근하는 것이 아니라 짧은 시간에 끝내고 또 만날 약속을 하는 편이 상대의 관심이 올라간다.

미완성 효과의 활용법

미완성 효과는 다양한 비즈니스 장면에서 활용할 수 있다. 사람의 마음을 잘 끌어내기 위해서 도움이 되는 지식을 알아두자.

발표를 너무 잘하는 것보다 불완전하지만 열의가 담긴 발표가 상대의 마음을 사로잡아 성공하는 경우가 많다.

영업은 밀기만 하는 것이 아니라 좋은 타이밍에 빼는 편이 상대의 관심을 끌어 팔고 싶은 상품에 흥미를 갖게 만들 수도 있다.

일은 끊기 애매한 곳에서 끊고 휴식을 취하는 편이 완결되지 않은 일이 신경이 쓰여 단시간에 업무로 돌아갈 수 있다.

27 농땡이를 방지하는 인원 구성은?

인원이 많으면 대충하게 되는 사람의 심리를 이해한다

너무 바쁜 프로젝트가 있다면 스태프를 늘려서 효율적으로 작업을 진행하고 싶겠지만 인원을 늘리면 늘릴수록 한 사람 한 사람이 발휘하는 파워는 줄어든다.

이것은 독일의 심리학자 링겔만이 실시한 실험에 의해 증명되었기 때문에 링겔만 효과라고 한다. 링겔만은 줄다리기로 실험을 했다.

1대1, 2대2, 3대3, 8대8이라는 구성으로 줄다리기를 했더니 인원이 늘면 늘수록 한 사람 한 사람이 발휘하는 힘이 줄어든다는 것을 알게 되었다. 그렇다. 사람은 집단의 인원이 많으면 일하지 않고 행동하지 않는다는 것이다. 즉 쓸데없이 인원을 늘리는 것은 의미가 없다. 왜냐하면 무의식적으로 '내가 하지 않아도 누군가가 하겠지'라는 마음이 생기기 때문이다.

전원이 힘을 발휘할 수 있도록 하려면 소수의 그룹을 구성하여 그룹별로 작업을 분담시키는 방법이 정답이다. 소수로 일하면 책임감이 생겨 농땡이나 근무 태만을 방지할 수 있다.

대도시의 거리에서는 사람이 쓰러져도 누구 하나 도와주지 않지만 사람이 적은 지역에서는 누군가가 바로 손을 내민다는 현상도 심리학에서 해명되었다. 그 자리에 있는 사람이 적을수록 '자신이 어떻게든 해야 한다'는 의식이 작용하는 것이다.

사람이 많을수록 인간은 게으름을 피운다

규모가 큰 일은 종사하는 사람이 많은 편이 좋다고 생각하기 십상이지만 인원이 많으면 많을수록 게으름을 피우는 사람이 늘어 열심히 하는 사람은 늘 똑같은 사람이라는 구도가 생긴다.

괜찮아요?

사람이 많으면…

누군가가 도와주겠지….

방관자 효과

다른 사람을 구조해야 하는 상황이라도 그 자리에 있는 사람의 수가 많을수록 행동이 억제되어 버리는 심리 현상.

이만큼 있으니 좀 대충해도….

링겔만 효과

집단이 되면 될수록 '나 하나는 열심히 안 해도 누군가가 열심히 할 터'라는 의식이 작용하여 발휘되는 힘이 약해진다.

해결하려면…

A팀 팀장은 A 씨가….

그룹을 소수 인원으로 하여 책임 소재를 명확히 하면 사람은 효율적으로 일한다.

과제를 주고 나서 멤버로 만든다

집단에 대한 귀속 의식이 낮은 사람을 멤버로 추가하면 자신의 상황에 따라 일을 내팽개치는 경우도 있다. 이를 막는 방법은 가입 조건을 부여하는 것이다.

오늘부터 같은 팀이다.

적당히 하면 되겠지….

조직에 대한 충성심이 없는 사람을 무조건 참가시키면 의욕이 올라가지 않아 실력을 발휘할 수 없다.

과제를 완수하면 팀에 넣어줄게.

열심히 해서 가입할 거야.

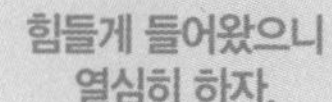

힘들게 들어왔으니 열심히 하자.

가입 시에 과제를 부여하면 과제를 완수해서 들어온 사람은 조직에 귀속 의식을 느끼고 실력을 발휘하려고 노력한다.

28 야단치는 방법으로 알 수 있는 상사의 인격

마주 보고 앉아 이야기하면 부하의 신뢰를 얻을 수 있다

상사에게 심하게 혼난 경험이 있을 것이다. 그때 상사가 어떤 태도로 여러분을 혼냈는지 떠올리기 바란다. 야단치는 방법으로 인격을 간파할 수 있다.

만일 여러분을 세워놓고 자신은 버젓하게 앉은 채로 혼냈다면 **그 상사는 지위에 심취해 여러분을 동료로 생각하지 않았을 가능성**이 있다.

반대로 여러분을 앉히고 자신은 서서 내려다보면서 꽥꽥 호통친 경우는 **권위주의자이고 상하 관계에 집착하고 부하의 공을 가로채는 타입**이었을지도 모른다.

만일 지금 여러분이 부하를 혼내는 입장에 있다면 꼭 **서로 의자에 앉아 마주 보기를 바란다.** 이렇게 하면 여러분은 자신은 차 있지만 지위나 권위에 빠지는 일 없이 부하를 동료로서 소중히 여기고 마찰이 일어났을 때도 모두를 보호하는 인격자로 부하의 눈에 비칠 것이다. 또 목소리에도 신경을 써야 한다.

심리학에서는 큰소리로 야단치는 사람은 '내 말을 들어!'라고 강요하는 반면 그 뒤에는 소심함이 감춰져 있다고 간주하고, 중얼거리듯 작은 목소리는 혼내고 있는 자신에게 자신이 없다고 생각한다. **가장 좋은 목소리는 낮고 차분한 톤**이다. 이 목소리로 훈계하면 부하의 신뢰를 얻을 수 있을 것이다.

야단치는 방법으로 상사의 타입을 알 수 있다

야단을 칠 때 부하를 대하는 태도를 보면 상사가 어떤 타입인지 판별할 수 있다. 상사가 유능한지 아닌지는 야단치는 방법으로 간파하자.

① 자리에 앉아 호출하여 야단치는 상사

자신의 자리로 호출하여 야단치는 것은 권위주의의 표출이다. 반대로 부하의 자리까지 오는 상사는 자신에게 자신 있는 경우가 많다.

② 서서 야단치는 상사(부하는 앉힌다)

부하를 내려다보며 야단치는 자세로부터 알 수 있듯이 윗사람에게는 아첨하지만 아랫사람에게는 센 척하는 권위주의자인 경우가 많다.

③ 같이 앉아 야단치는 상사

상사와 부하라는 경계선을 만들지 않고 같이 일하는 동료로서 보고 있다는 것의 표출. 지위에 집착하지 않는 상사인 경우가 많다.

④ 앉아서 야단치는 상사(부하는 세운다)

자신의 존재를 절대시하고 부하를 동료로 생각하지 않는다. 이야기가 길고 잔소리가 많은 타입인 경우가 많다.

야단치는 목소리와 야단치는 방법을 체크

야단칠 때 목소리의 크기나 말의 선택도 상사의 성격을 나타낸다. 어떤 타입인지를 간파하는 데 도움이 될 것이다.

① 큰소리로 야단친다

필요 이상으로 큰소리로 야단치는 사람은 인정받고 싶다는 바람이 강한 반면 말하고 있는 내용에 관해서는 자신이 없는 경우가 많다.

② 작은 소리로 야단친다

중얼거리듯 작은 목소리로 야단치는 사람은 자신이 없고 사람을 대하는 것을 귀찮게 생각하지만 사람에 대한 경계심이 강한 타입일 가능성이 크다.

③ 경우에 따라 목소리의 크기가 바뀐다

부하를 야단칠 때는 목소리가 크지만 상사 앞에서는 알랑대는 목소리. 이런 타입은 아랫사람에게 무례하게 대하고 스트레스를 발산하려고 할 가능성이 있다.

④ '모두 그렇게 말한다'가 입버릇

대부분 자기만의 의견이지만 그것을 논리적으로 설명할 수 없으므로 가공의 '모두'를 만들어 설득하려고 하는 경우가 많다.

COLUMN

심리 테스트 ② (46쪽)

(46쪽)

'상사가 보고 있다?' 해답

이 심리 테스트로는 '셀프 모니터링'을 기초로 한 여러분의 고독감을 알 수 있다. 셀프 모니터링이란 자신의 행동이나 타인에게 주고 있는 인상을 객관적으로 관찰·평가하는 것을 말한다. 이 경향이 강한 사람은 다른 사람의 눈을 신경 쓰고 있는 사람이고, 약한 사람은 자신이 어떻게 느끼는지를 중요하게 생각하는 사람이다.

A

당신의 고독감 **60%**

당신은 상사의 행동에 관심을 갖고 있다. 그것은 적절한 셀프 모니터링이 되고 있는 증거이다. 그런데 '자신과 상관없다'고 생각하므로 약간 고독하다.

B

당신의 고독감 **40%**

집단 속에서 배려를 의식하는 셀프 모니터링 경향이 강한 사람. 타인의 말과 행동은 자신과 관련이 있다고 생각하므로 고독감은 낮을 것 같다.

C

당신의 고독감 **80%**

셀프 모니터링 경향이 강한 사람이지만 타인의 말과 행동에 자신은 상관없다고 생각하는 타입. 그러므로 고독감이 높은 편이다.

D

당신의 고독감 **20%**

셀프 모니터링 경향이 약하고 타인의 말과 행동을 신경 쓰지 않는 사람이다. 자신이 하고 싶은 일을 중요시하는 고독감이 낮은 사람이다.

제 4 장

마음에 드는 사람의 마음을 붙잡는 연애 테크닉

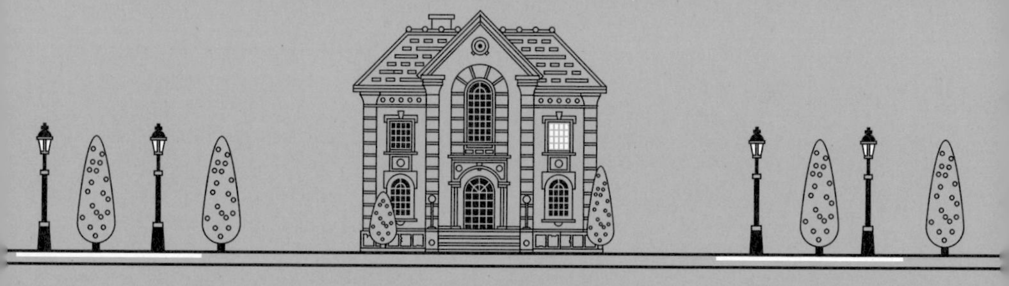

29 행동을 따라해서 연심을 불러일으킨다

미러링과 동조 행동으로 친밀감을 쌓아간다

마음에 드는 사람의 마음을 끌고 싶을 때는 **그 사람의 행동을 따라해 보자.**

예를 들어 상대가 방긋 웃으면 여러분도 똑같이 미소를 지어보는 것이다. 둘이서 식사를 할 때 상대가 마실 것을 손에 들면 여러분도 잔을 들어 본다. 고개를 끄덕이는 타이밍도 맞춰 본다.

이렇게 상대의 동작에 자신의 행동을 맞추는 것을 심리학에서는 **미러링 효과, 동조 행동이라고 하는데 비언어적 의사소통(non-verbal) 중 하나**이다.

사람은 무의식적으로 호의를 갖고 있는 상대의 행동을 따라한다. 그리고 자신과 똑같은 행동을 하는 상대에게 호감을 갖게 되고 나아가 상대가 자신에게 흥미나 관심이 있는 것이라고 느낀다고 한다.

이런 심리 효과를 숙지한 후에 상대를 따라하면 틀림없이 서로 마음이 가까워질 것이다. 대화를 할 때도 상대가 '이거, 맛있다!'라고 말하면 '응, 맛있네!'라고 동의하거나 상대의 이야기에 '나도 그렇게 생각했었어'라고 동감을 나타내면 여러분의 마음을 능숙하게 표현할 수 있다.

중요한 점은 어디까지나 자연스럽게 따라해야 한다는 것이다. 일부러 따라하는 티가 나면 '좀 이상한 사람'으로 여겨 역효과가 나타날지도 모른다.

행동을 따라하면 친근감이 생긴다

상대에게 좋은 느낌을 주려면 상대의 행동을 따라하라. 자연스럽게 따라해서 친근감을 연출하여 상대의 마음을 사로잡는다.

미러링 효과

친한 사람과 이야기할 때는 서로 의식하지 않아도 표정이나 동작이 같아진다. 싫은 상대와는 일어나기 어렵다.

프레젠테이션을 할 때 참가자가 여러분과 똑같은 동작을 하고 있다면 그것은 그 사람이 여러분의 제안에 솔깃하고 있다는 사인이다. 상대를 관찰하면서 이야기하자.

말하는 상대의 동작이나 표정을 자연스럽게 따라해 보면 미러링 효과가 일어나 상대의 호감을 불러일으킬 수 있다.

주의

어디까지나 자연스럽게 해야 한다. 따라한다고 상대가 눈치채면 불쾌감을 주어서 역효과가 난다. 쓸데없이 뭐든지 따라하는 것도 NG.

사람은 주위에 맞춘다

사람은 집단 속에서는 의식적이든 무의식적이든 주위에 맞춤으로써 이탈하지 않으려고 한다. 이를 심리학에서는 '동조 행동'이라고 한다.

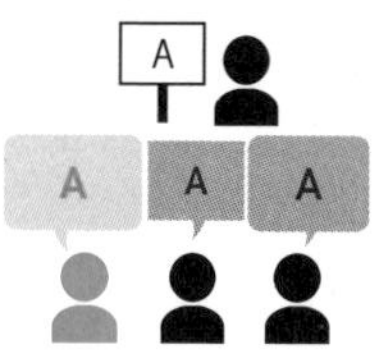

심리학자 애쉬의 실험에 의하면 공공장소에서 집단에 간단한 질문을 했을 때 가짜 실험자 전원이 정답을 말하면 진짜 실험자는 정답을 말했다.

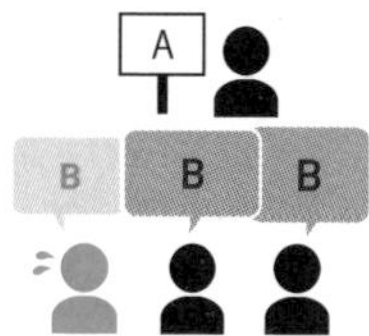

다른 가짜 실험자 전원이 틀린 대답을 했을 때 진짜 실험자도 똑같이 틀린 대답을 말했다. 이런 동조 행동을 '집단 압력'이라고 한다.

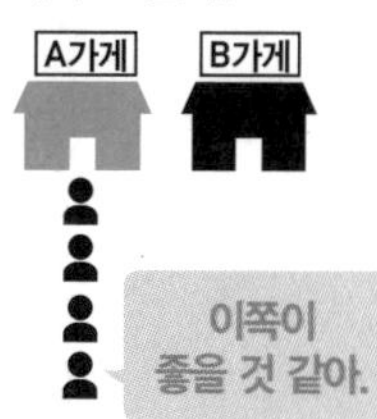

동조 행동의 예

특별히 맛집도 아닌데 줄을 길게 선 인기 가게에 줄을 선다.

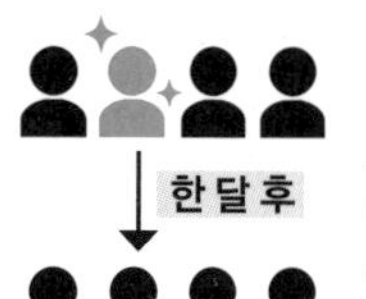

혼자만 화려하게 튀었던 신입 사원이 1개월 후 동기와 비슷한 모습으로 바뀌었다.

30 밀당 연애의 숨은 기술

호감의 최고치를 노리는 안달 테크닉 활용술

멋지다고 생각한 상대에게 마음을 전하기 위해 그 사람을 칭찬하는 것은 연애의 정공법이다. 칭찬을 받으면 누구나 기분이 좋고 평가를 받았다는 안심 때문에 여러분에게 호감을 가지게 된다.

하지만 상대에 따라서는 이런 정면 승부가 영향을 끼치지 않는 경우가 있다. 그럴 때 효과적인 것은 **안 좋은 점을 먼저 말해 상대의 기분을 침울하게 한 다음 칭찬을 해서 치켜세운다는 심리 테크닉**이다.

예를 들어 '오늘 옷 코디 좀 그렇지 않아?'라고 부정적인 평가를 한 후에 '평소에는 항상 다른 사람보다 센스가 있는 것 같은데'라고 칭찬을 하는 전략이다.

이것은 미국의 사회심리학자인 애런슨과 린더의 **'호감의 획득·손실 효과'** 실험으로 입증되었다.

실험은 실험 대상 여성과 가짜 참가자가 일대일로 대화를 하면서 여성에 대해 ①칭찬 후에 비판, ②비판 후에 칭찬, ③계속 칭찬, ④계속 비판한다는 4개의 패턴으로 검증했다.

그 결과 여성이 가짜 참가자에 대해 갖는 호감도가 가장 높았던 것은 ②였고, 그 다음은 ③, ④, ① 순이었다. 실망시킨 후에 기분을 좋게 하는 한마디는 여러분의 인상을 강하게 남길 최고의 조미료인 것이다.

일부러 비판하고 치켜세운다

호감을 갖고 있는 상대가 자신에게 관심을 갖게 하고 싶을 때 기분 좋은 말로 주의를 끌려고 하는 것은 효과적인 수단이다. 하지만 그 방법이 잘 통하지 않을 때는 비판을 한 후에 칭찬을 하는 것이 좋다.

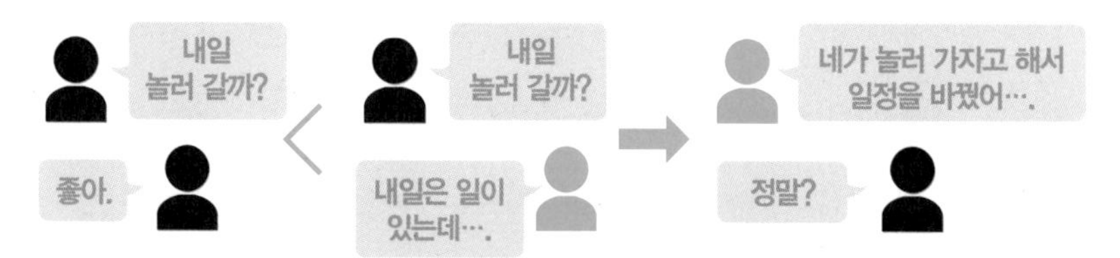

권유를 받았을 때 일단 거절한 다음 받아들이는 편이 좋다. '네 부탁이니까'라고 특별 취급을 해 줌으로써 자신의 가치를 인정해 주는 사람에게 호감을 갖게 되는 특정화 심리 효과가 작용하여 상대의 기쁨은 배가 된다.

심리학자 애런슨과 린더가 어떤 칭찬 방법이 호감을 갖게 하는지 조사한 실험. 가짜 참가자가 진짜 참가자 여학생에게 4가지 태도를 취해 보았다.

당신의 매력을 평가할게요.

①상대를 일단 칭찬하고 그 다음에 비판한다

처음에는 좋은 평가를 하지만 서서히 부정적인 평가를 높여 간다.

넌 안 되지만….

②상대를 일단 비판하고 그 다음에 칭찬한다

처음에는 부정하지만 서서히 좋은 평가를 내려간다.

너 괜찮네!

③계속 칭찬한다

처음부터 마지막까지 좋은 평가를 하고 나쁜 것은 일절 말하지 않는다.

넌 안 되겠다!

④계속 상대를 비판한다

처음부터 마지막까지 일관되게 나쁜 평가를 한다.

비판받은 후에 칭찬을 받았을 때가 기쁨이 두 배!

가장 호감을 가진 것은 ②이고, 가장 싫은 것은 ①이었다. 즉 자신을 부정하는 말을 들은 후 좋은 평가를 받으면 기쁨을 느낀다.

31 부탁으로 생겨나는 사랑의 가능성

좋아하지 않는데 도와줬다는 마음의 모순을 해소

마음이 가는 사람이 나에게 관심을 갖게 하고 싶다면 그 사람에게 부탁을 한다는 심리 테크닉을 활용하자.

'거래처에 보낼 선물을 같이 골라 줄래요?'라는 사소한 부탁을 해 보는 것이다. '좋아. 맡겨줘!'라고 반응한다면 거기서부터 관계 발전을 기대해도 좋다.

왜냐하면 사람은 부탁을 해 온 상대, 도움을 준 상대에 대해 호감을 갖게 된다는 심리가 숨어 있기 때문이다.

원래 사람은 좋아하는 사람이나 소중한 사람에 대해 도움을 주는 법으로, 좋아하지 않는 사람에게는 그런 행동을 하지 않는다. 때문에 좋아하지 않는 사람에 대해 도움이나 지원을 하면 마음과 행동에 모순이 생겨난다.

그리고 이 모순을 제거하기 위해 '나는 이 사람을 좋아하니까 도와준다'고 자신을 납득시키려고 한다.

이것은 미국의 심리학자 제커와 랜디가 증명한 것으로, 이처럼 심리적인 모순을 제거하려고 하는 작용을 인지 부조화 이론이라고 한다.

영화나 드라마에서도 싫어했던 사람을 도와준 데서 사랑이 싹트는 스토리가 많이 있다. 이도 심리학적으로 이치에 맞는 것이다.

부탁은 상대가 호감을 갖게 하는 지름길

사람을 도와줬는데 자신이 도와준 사람을 좋아하게 되는 것은 심리학자 제커와 랜디의 실험으로 증명되었다. 이 심리 현상을 이용하면 상대의 호감을 끌어낼 수 있다.

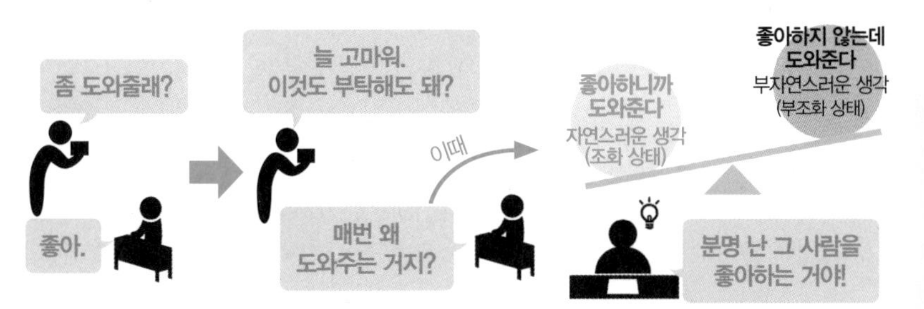

좀 도와줄래?
좋아.
늘 고마워.
이것도 부탁해도 돼?
매번 왜
도와주는 거지?
이때
좋아하니까
도와준다
자연스러운 생각
(조화 상태)
좋아하지 않는데
도와준다
부자연스러운 생각
(부조화 상태)
분명 난 그 사람을
좋아하는 거야!

매사를 원활하게 진행하기 위해서는 아군을 늘리는 편이 좋다. 마음에 들지 않는 상대가 있다면 주저하지 말고 상대에게 부탁을 해 보자.

싫다면 도와줄 이유가 없다. 좋아하니까 도와준다고 자신 속의 모순을 해소하려고 하는 심리 작용(인지 부조화 이론)이 작용하여 상대는 부탁한 사람에게 호감을 갖게 된다.

거절하기 힘든 부탁으로 친밀감이 생긴다

심리학자 레빈저는 일면식도 없었던 두 사람이 어떤 계기로 친해져 가는 과정을 4단계로 나누고 있다. 상대에게 거절하기 어려운 부탁을 해서 계기를 만드는 것부터 시작하자.

우연이네.
괜찮다면 차라도?
좋아요.

친해지고 싶은 상대와 우연한 만남을 가장하여 차를 마시자고 한다. 먼저 거절하기 어려운 간단한 부탁부터 시작하여 작은 부탁을 거듭하여 상대를 거절할 수 없는 기분으로 만들어 가는 것이 포인트이다.

부탁을 거듭하다 보면 관계가 변화한다

①상대 미인지 단계

서로가 전혀 모르는 타인 상태.

②일반적 인지 단계

한쪽만 상대를 알고 있는 상태.

③표면적 접촉 단계

인사 등 얼굴만 아는 정도의 상태.

④상호적 접촉 단계

지인 단계의 낮은 상호 작용, 친구 단계의 중간 상호 작용, 베프나 연인 단계의 높은 상호 작용 상태로 나뉜다.

32 데이트 시간대는 저녁 이후가 철칙

어두운 곳에서는 마음을 허락하는 그런 흔들림을 알아차리자

호감을 갖고 있는 상대와 식사를 한다면 점심보다 저녁이 좋다. 왜냐하면 사람은 저녁 이후에는 심신의 균형이 불안정해지기 때문이다.

사람의 몸과 마음은 보디 타임이라는 자연적인 리듬에 지배를 받는데 태양이 떠 있는 시간대에는 활동적이 된다. 그러나 밤이 가까워지면 하루의 피로가 나타나고 심신도 불안정한 상태가 된다.

낮에는 기운차게 지냈는데 저녁이 되면 갑자기 외로워지거나 사람이 그리워지는 경험을 해 본 적이 있을 것이다.

또 사람은 어둠 속에서는 수치심이나 도덕심과 같은 자신을 제어하는 감정이 희미해진다고 한다.

미국의 심리학자 거겐은 밝은 밀실과 어두운 밀실에 처음 보는 남녀 몇 명을 동석시키는 실험에서 어두운 밀실의 남녀는 짧은 시간에 서로 만지거나 안는 행동을 한다는 것을 증명했다. 이 결과로부터도 연애 감정이 생길 확률은 대낮보다 밤, 밝은 곳보다 어두운 곳이 높다는 것이 판명된 것이다.

두 사람의 거리를 좁히고 싶다, 보다 친해지고 싶다면 데이트 시간은 저녁 이후로 설정하는 것이 중요하다.

구애의 베스트 타임은 저녁 이후

사람은 인지·발견, 사고·판단력 등과 같은 활동 능력 전반이 저녁 이후 현저히 저하되고 불안정해진다고 한다.

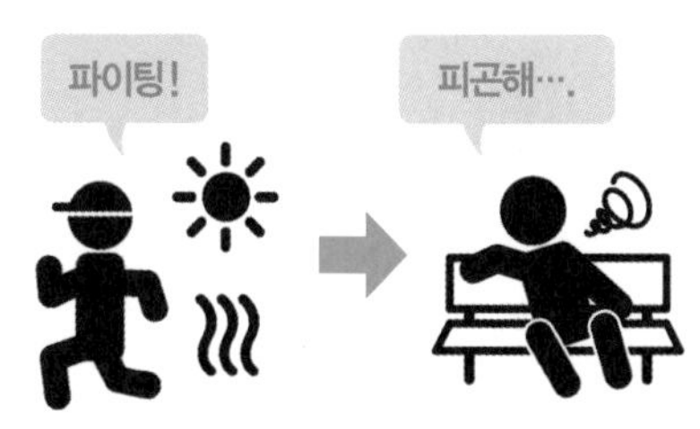

사람에게는 몸과 마음을 지배하는 자연적인 리듬(보디 타임)이 있다. 보디 타임은 아침~낮까지는 안정적이지만 저녁 이후는 심신에 피로가 쌓여 부조화를 일으키기 쉽다.

통계에 따르면 보디 타임이 불안정해지는 저녁 이후에 교통사고 발생 건수가 가장 많다고 한다. 그만큼 판단력이 저하된다는 증거라고 할 수 있다.

사람은 밤이 되면 대범해진다

어둠에는 수치심을 없애는 효과가 있다. 심리학자 거겐은 사람이 어둠 속에서 어떤 행동을 하는지를 실험해서 이를 증명했다.

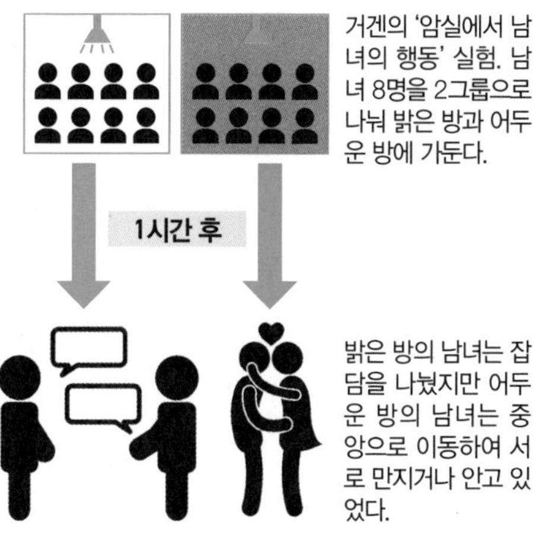

거겐의 '암실에서 남녀의 행동' 실험. 남녀 8명을 2그룹으로 나눠 밝은 방과 어두운 방에 가둔다.

밝은 방의 남녀는 잡담을 나눴지만 어두운 방의 남녀는 중앙으로 이동하여 서로 만지거나 안고 있었다.

사람은 어둠 속에서는 보통 자신을 억제하고 있던 도덕관이나 상식, 수치심으로부터 해방되어 욕망을 드러내는 일에 저항이 없어진다. 마음에 품고 있는 사람과 친밀한 관계가 되고 싶은 사람은 저녁 이후에 데이트를 하는 것이 좋다.

33 성실함은 인기 있는 남자의 필수 조건

호감을 보여준 사람에게 호감을 갖는 심리학 정론

큰 키나 좋은 외모가 인기가 많은 사람의 조건이 되는 것은 젊었을 때의 이야기이다. 어느 정도 인생을 산 남자의 인기 조건은 외모가 아니다. 그럼 무엇일까? 바로 '성실함'이다.

메일이나 라인 연락은 빼놓지 말고 답장을 바로 한다. 생일이나 기념일을 잊지 않는다. 좋아하는 것이나 음식을 기억한다. 이런 **성실함이 몸에 밴 남자는 외모가 어찌됐든 상관없이 인기가 있다.**

성실함이 유효하다는 것은 심리학에서도 실험으로 증명되었다. 성실한 남자는 상대에 대해 직접적으로 호감을 전달한다. 사람에게는 **호감을 보여주는 상대에게 호감을 품는다는 심리가 존재하는데 이를 호의의 반보성**이라고 한다.

그리고 의사소통을 거듭할수록 호감도가 올라간다. '잡은 물고기에게 먹이를 주지 않는다'고 큰소리치는 남자를 자주 보는데 먹이를 얻지 못하는 물고기가 과연 행복할까?

애정이라는 이름의 영양분을 의사소통이라는 이름의 도구로 계속 제공해야 거기에 사는 물고기는 행복을 실감할 수 있는 것이다. 지금이야말로 자신의 성실함을 다시 돌아보기를 바란다. 단, 스토커로 오해받지 않도록 상대가 싫어하는 것 같으면 깔끔하게 몸을 빼는 것도 중요하다.

먼저 상대의 자기 존중 욕구를 충족시킨다

사람은 누구나 다른 사람에게 좋은 평가를 받고 싶어 한다. 그런 심리를 잘 이용하면 외모는 떨어져도 마음에 드는 상대의 마음을 끄는 것은 어렵지 않다.

이길 수 없다.

사람에게는 천성적인 재능이나 자질이 있는데 이런 것은 노력으로 얻을 수 없는 경우가 있다. 하지만 배려심은 노력 여하에 따라 가질 수 있다.

좋아합니다.

먼저 자기가 상대에 대해 호감을 갖고 있다는 것을 표시한다. 그러면 정말로 싫어하지 않는 한 상대는 당신에게 어떤 형태로든 호감을 가진다. 이것을 '호의의 반보성'이라고 한다.

괜찮은 사람 일지도….

그 후 가끔씩 연락을 해서 만나는 횟수를 늘려간다. 횟수를 거듭할 때마다 여러분에 대한 호감도가 올라간다. 이것을 '숙지성 원리'라고 한다.

사람은 남녀를 불문하고 자신을 높이 평가해 주기 바라는 욕구(자기 존중 욕구)가 있어서 만날 때마다 상대를 칭찬하거나 호감을 표시하면 이 욕구가 충족된다.

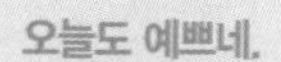

시끄러워!

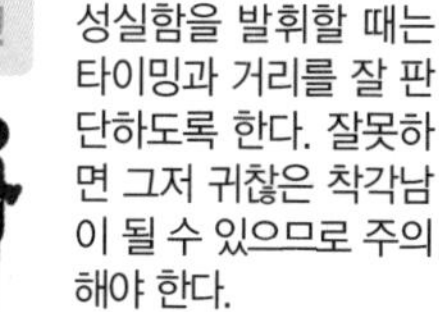

성실함을 발휘할 때는 타이밍과 거리를 잘 판단하도록 한다. 잘못하면 그저 귀찮은 착각남이 될 수 있으므로 주의해야 한다.

성실한 행동으로 인기를 얻는다

마음에 둔 상대의 호감을 얻고 싶다면 먼저 꾸준히 배려심 있는 사람이 되면 된다. 꾸준한 행동을 은연중에 실행하여 상대의 마음을 사로잡는다.

정기적으로 메일을 주고 받는다

기념일 등을 축하한다

머리 모양의 변화 등을 칭찬한다

가고 싶었던 가게!

음식 취향을 파악한 후 가게를 고른다

짐 등을 들어 준다

차도 쪽으로 걷는다

34 운명적 만남을 연출하여 마음을 사로잡는다

공통점과 매칭 이론을 활용하여 관계를 돈독히 한다

여자의 마음을 확 사로잡으려면 두 사람은 만날 운명이었다고 믿게 하는 것이 핵심이다. 그러기 위해서 효과적인 방법은 두 사람에게는 **수많은 공통점이 있다는 것을 적극적으로 강조**하는 것이다.

좋아하는 음악이나 영화가 똑같다, 출신지가 가깝다 등 뭐든지 상관없다. 여자는 '이 사람과는 사고방식이나 가치관이 비슷하다! 서로 잘 이해할 수 있다!'라고 실감함으로써 '이것은 운명적 만남일지도'라고 강하게 의식한다.

운명을 알아차리는 감성은 남자보다 여자가 더 뛰어나다고 한다.

또한 사람은 자신과 걸맞는 사람에게 연애 감정을 품는다고 한다. 외모, 성격, 가치관, 취미 등이 자신과 똑같은 수준의 사람을 무의식적으로 바라고 파트너로 선택한다.

이를 심리학에서는 **매칭 이론**이라고 한다. 이 이론을 활용하면 **연애 대상은 역시 자신과 공통점이 많은 사람이 베스트이다.** 손이 닿지 않을 만큼 뛰어난 외모의 소유자나 지위가 높은 여자에게 마음이 끌려도 심리학의 견지에서 말하면 이루어질 가능성이 적다고 할 수 있다.

상처받을 위험을 안고 있는 연애에 몸을 던질지 말지 지금 다시 한 번 자신의 마음과 상의하기 바란다.

어떻게 하면 운명의 사람이 될 수 있을까?

사람은 공감 요소가 많으면 많을수록 상대를 운명의 사람이라고 믿는 경향이 있다. 운명의 상대가 되기 위해서는 가까이 있는 기회를 활용하는 것이 중요하다.

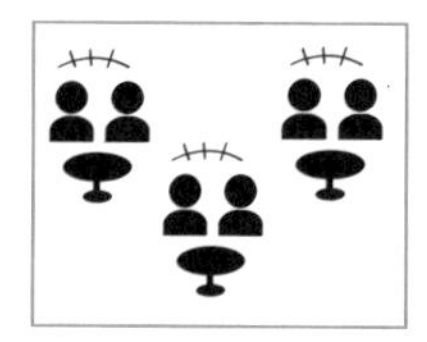

처음 만나는 남녀가 모인 곳에서 괜찮다고 생각한 사람이 있다면 반드시 가까운 곳에 앉는다. 왜냐하면 사람은 먼저 가까이 있는 사람끼리 친해지기 때문이다. 이것을 근접 요인이라고 한다.

마음에 드는 상대와 같은 전철을 타는 것도 효과적이다. 매일 아침 전철에서 만나는 이름은 모르지만 얼굴은 아는 사람(familiar stranger)은 서로에게 관심을 갖는 경우가 많고 뭔가를 계기로 이야기를 하게 되면 운명이라고 느낄지도 모른다.

취미가 같다/좋아하는 책이 같다
좋아하는 음악이 같다/좋아하는 영화가 같다/사고방식이 비슷하다/
집이 가깝다

공통점이 이렇게 많네.
운명의 상대일지도….

상대가 호감을 갖도록 먼저 상대와 자신의 공통점을 찾아 어필할 것. 공통점이 많으면 많을수록 상대는 여러분을 운명의 상대라고 생각할 것이다.

사람은 자신과 걸맞는 사람을 바란다

사람은 자신과 걸맞는다고 여기는 상대를 선택한다. 외모뿐만 아니라 성격이나 가치관, 취미 등 공통된 요소가 있는 상대를 갈망한다.

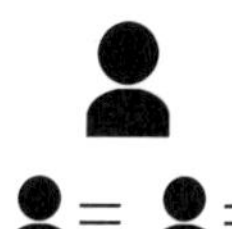

통행인이 많은 곳에 사람을 세워두고 그 옆을 지나가는 사람의 행동을 관찰하는 실험을 했다. 서 있는 사람은 다음 4종류이다. ①은 남자 1명, ②는 여자 1명, ③은 남자 2명, ④는 남녀이다.

실험 결과 통행인이 가장 가까운 곳을 지나간 것은 ②였고, 다음이 ①, 그 다음이 ③, 마지막이 ④였다. 특히 통행인이 거리를 두고 걸어간 것은 서 있는 여자가 굉장한 미인인 경우였다. 사람은 자신과 동떨어지게 뛰어난 것을 경원시하는 경향이 있다.

매칭 이론

사람은 자신과 비슷한 외모나 신체적 매력을 갖춘 이성에게 호감을 가진다.

35 친밀도는 앉는 위치로 알 수 있다

심리학을 잘 활용하여 인간관계에 감정의 골을 만들지 않는다

인간관계에 있어서 중요한 것은 친밀도이다. 연애뿐만 아니라 가정이든 일이든 친구 관계든 상대가 여러분과 얼마나 친밀감을 갖고 있는지를 알아내는 방법을 소개하겠다.

테이블에 둘이서 앉을 때 상대가 어떤 위치를 선택하는가? 여러분에 대해 테이블 모서리를 사이에 두고 90도 위치에 앉는다면 호감을 갖고 있다고 생각할 수 있다.

또 옆에 앉은 경우도 친밀도가 높다는 증거다. 연애 감정이 있거나 같이 일을 하고 싶다, 식사를 하고 싶다고 생각하고 있을 터이다. 정면에 앉는 것은 기본적인 패턴이지만 경우에 따라서는 대립이나 경쟁의 심리가 숨어 있을 가능성도 있다. 또한 비스듬히 앞에 앉는 것은 여러분에 대해 무관심, 불만, 화와 같은 부정적인 감정을 갖고 있을지도 모른다.

사람과 사람의 친밀도는 시간이 경과함에 따라 바뀌어 가지만 남자는 그 변화를 쉽게 알아차리지 못하며 영원히 바뀌지 않는다고 생각하는 경향이 있다. 결혼 직후 애정 표현이 줄어드는 남자가 많은 것도 이런 심리에 의한 것이지만 이 상태로는 친밀도가 계속 떨어져 감정의 골이 생겨버린다. 더욱 유감스러운 것은 이 골은 메울 수가 없다는 것이다.

그렇다. 중요한 것은 감정의 골이 생기기 전에 친밀도를 미세 조정해야 한다는 것이다. 심리학을 활용하여 보다 좋은 인간관계를 구축해 가기 바란다.

앉은 자리로 호감도를 알 수 있다

사람의 심층 심리는 은연중의 행동으로 나타난다. 상대의 행동을 자세히 관찰하면 상대의 심리 상태를 추측할 수 있다.

둘이서
이야기할 때
상대가
어디에 앉는가?

①90도 위치에 앉는다

상대는 여러분에 대해 친밀감을 갖고 있으며 편안한 상태로 이야기를 하고 싶다고 생각하고 있다.

②옆에 앉는다

이성의 경우 여러분에게 호감을 갖고 있을 가능성이 있다.
동성의 경우 협력하여 뭔가를 하고 싶다는 의사를 느낀다.

③정면에 앉는다

논쟁을 하거나 대립할 때의 위치. 여러분에 대해 적대심을 품고 있을지도 모른다.

④비스듬히 앞에 앉는다

따로따로 작업을 할 때의 앉는 위치로 상대의 마음이 멀다고 생각하는 편이 좋다.

어느 자리를 선택할지로 성격도 알 수 있다

비즈니스나 사적인 만남으로 찻집 등에 들렀을 때 어느 자리에 앉느냐에 따라 그 사람의 성격이나 사고방식의 경향을 읽을 수 있다.

①가게의 중앙 정도의 자리를 선택한다

자기현시욕이 강한 타입. 자기중심적으로 타인에게 관심을 갖지 않을 가능성이 높다.

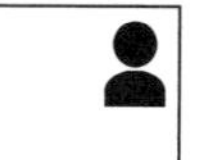

②안쪽 자리에 앉는다

우유부단한 타입. 사람과 별로 얽히고 싶어 하지 않거나 사람 눈에 띄는 것을 좋아하지 않는 경향이 있다.

③벽 쪽 자리에서 벽을 향해 앉는다

사람 눈에 띄지 않는 곳에서 가능한 한 조용히 내버려두기를 원하는 가장 내성적인 타입.

④벽 쪽 자리에서 벽을 등지고 앉는다

가능한 한 사람들과 얽히고 싶지 않지만 전체적인 모습은 알고 싶다고 생각하는 지배적인 경향이 있는 타입.

36 짜증을 받아주고 신뢰감 상승

계속 이야기를 들어줘서 스트레스로부터 해방시킨다

여자가 짜증을 내거나 고민을 안고 있을 때 여러분은 짜증의 원인을 캐묻거나 고민을 해결할 방법을 논쟁하는가?

이런 행동은 모두 NG이다. 이 상황에서 해야 할 것은 **무조건 여자의 말을 들어주는 것**이다. 하고 싶은 말이 있더라도 **꾹 참고 그저 말을 잘 들어주는 것이 정답**이다.

사람은 스트레스를 느낄 때 다른 사람에게 이야기를 함으로써 그 중압감을 경감시키려고 한다. 특히 여자에게 그런 경향이 강하다고 한다. 심리학에서는 이런 스트레스 경감법을 **'수다 요법'**이라고 한다.

수다 요법의 효과를 최대한으로 발휘하기 위한 정론은 듣는 측이 '그런 일이 있었구나. 힘들었겠네', '얼마나 힘든지 알겠어'라고 **무조건 수용하고 공감해 주는 것이다.** 실수로라도 '네가 잘못한 거 아니야?', '그 생각은 틀린 거 같은데'라고 부정을 하거나 비판을 해서는 안 된다. 설령 그것이 정론이라고 할지라도 말이다.

여자는 그저 이야기를 들어준 여러분에게 **안심감을 품게 되고 그것은 머지않아 신뢰감으로도 이어질 것**이다. 조언을 할 때는 여자의 마음이 안정되었을 때 상냥하게 전하는 방법을 추천한다.

남자와 여자는 문제 해결 방법이 다르다

이성과 이야기를 할 때 왠지 말이 안 통한다고 느낄 때가 종종 있을 것이다. 그것은 마음이 안 맞는 것이 아니라 대화의 목적이 다르기 때문이다.

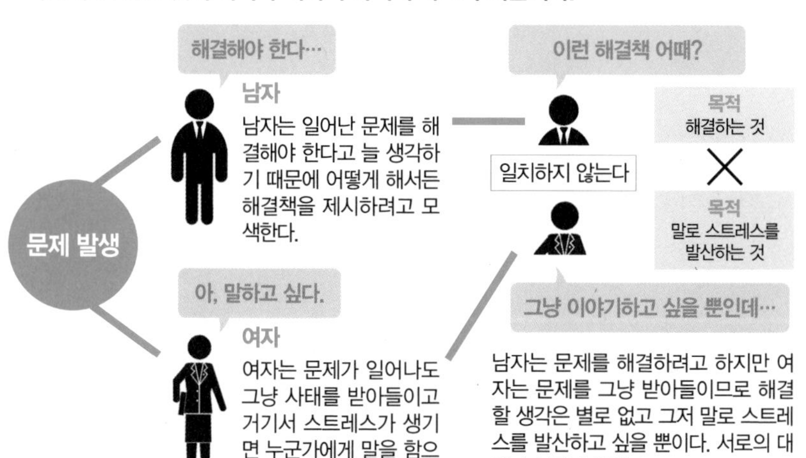

해결해야 한다…
남자
남자는 일어난 문제를 해결해야 한다고 늘 생각하기 때문에 어떻게 해서든 해결책을 제시하려고 모색한다.
이런 해결책 어때?
목적
해결하는 것
일치하지 않는다
목적
말로 스트레스를 발산하는 것
문제 발생
아, 말하고 싶다.
여자
여자는 문제가 일어나도 그냥 사태를 받아들이고 거기서 스트레스가 생기면 누군가에게 말을 함으로써 해소하려고 한다.
그냥 이야기하고 싶을 뿐인데…

남자는 문제를 해결하려고 하지만 여자는 문제를 그냥 받아들이므로 해결할 생각은 별로 없고 그저 말로 스트레스를 발산하고 싶을 뿐이다. 서로의 대화가 어긋나게 된다.

꾹 참고 잘 들어주자

남녀는 성질이 다르므로 문제 해결 방법도 다르다. 올바른 조언이 제일이라고 생각하는 것은 주의해야 한다.

남
조언을 하려고 했을 뿐인데…
여
시끄러워!
조언을 하고 싶지만 참자.
응, 응.
여
어떻게 해결하면 좋을까?
남
좋았어!

고민을 품고 있거나 화가 나서 짜증을 내는 여자에게 서투르게 조언을 하려고 하면 반대로 화를 불러일으킬 수 있다.

그럴 때는 조언하고 싶은 마음을 꾹 누르고 상대의 이야기를 들어준다. 이야기를 잘 들어준다는 가면을 쓰는 것이 가장 좋다.

여자는 하고 싶은 말을 다 해서 속이 시원해졌을 때 상대로부터 조건을 듣고 싶으면 물어본다. 해결책을 제시하고 싶다면 그때 말하자.

37 성공률을 높이는 고백 타이밍

자신감을 잃었을 때 연애 감정이 생기는 심리

지금 누군가에게 사랑을 느끼고 있고 그 마음을 전하고 싶다는 감정에 휩싸여있다면 조급해서는 안 된다. 마음을 전하는 타이밍을 잘 살피는 것이 중요하다.

그 타이밍은 **상대가 풀이 죽어 있거나 자신감을 잃고 있을 때**이다.

'그런 약점을 틈타 이용할 수는 없다'고 생각할지도 모르지만 심리학에서 사람은 자기 평가가 떨어져 있을 때일수록 자신에게 호감을 가져주는 상대에게 연애 감정을 느낀다고 한다. 이것은 **'호감의 자존 이론'**이라고 하는데 미국의 심리학자 월스터가 실험으로 증명했다.

월스터는 여학생들을 두 그룹으로 나눠 거짓 성격 진단을 했다. 한쪽에는 자신감이 높다는 평가를, 다른 한쪽에는 자신감이 낮다는 평가를 전했다. 그 후 매력적인 남자가 데이트를 신청하는 실험을 했다. 그 결과 남자를 좋아하게 된 여학생의 수는 자신감이 낮은 그룹 쪽이 많았다.

만일 **여러분이 좋아하는 사람이 자신감을 잃고 있다면 그것이 마음을 전할 절호의 기회**이다. 자신감을 되찾을 수 있는 따뜻한 말과 함께 소중한 존재라는 것을 전해 보면 어떨까?

상대가 쉽게 관심을 보일 때는 어떨 때일까?

고백하기 가장 좋은 타이밍은 언제일까? 심리학자 월스터는 자기 평가의 고저에 따라 타인의 호감을 받아들이는 정도가 어떻게 달라지는지를 실험으로 확인했다.

월스터의 호감의 자존 이론 실험

실험 참가자인 여학생에게 성격 검사를 실시한 후 방으로 불러 거기에 가짜 참가자인 매력적인 남학생을 들여보내 잠시 잡담을 시킨다. 그리고 데이트를 신청한다.

남학생이 나간 후 여학생에게 가짜 성격 평가 결과를 전달한다.

고평가 결과를 전달받고 자신에게 자신감을 가진 여학생에게 매력적인 남학생의 호감도를 대답하게 한다.

저평가 결과를 전달받고 여학생이 자신감을 잃은 후 매력적인 남학생의 호감도를 대답하게 한다.

그 남자를 어떻게 생각하나요?

그 결과…

자기 평가를 높게 받은 여학생보다 자기 평가를 낮게 받은 여학생이 매력적인 학생에게 더 호감을 가졌다. 사람은 자기 평가가 낮을 때일수록 자신을 좋아하는 상대에게 끌리기 쉽다. 이것을 호감의 자존 이론이라고 한다.

친화 욕구

타인의 호감이나 애정을 기대하는 욕구. 자기 평가가 낮을 때 이 욕구가 올라간다.

보통의 경우

좋아해요.

미안합니다.

상대가 침울해 있는 경우

좋아해요.

나도 좋아요.

고백은 상대가 침울해 있을 때

실연당했을 때나 일에 실패했을 때, 몸이 아플 때는 사람의 자존심이 떨어진다. 그리고 그럴 때일수록 사람은 다른 사람을 쉽게 좋아하게 된다. 상대가 침울해 있을 때야말로 고백할 절호의 타이밍이다.

38 기분 좋게 돈을 내게 하는 기술

사 줄게! 이 한마디를 끌어내는 심리 테크닉

여자와 식사를 할 때는 남자가 돈을 내는 것이 당연하다고 생각하는가? 그런데 '가끔은 여자친구가 냈으면 좋겠다'고 생각하는 경우도 있을 터이다.

사실 여자도 '계속 얻어먹기만 해서 미안하다. 다음에는 내가 내야지' 하고 생각하고 있다. 그런 서로의 애매한 기분을 해소하기 위해서도 여자가 기분 좋게 돈을 내게 하는 장면을 만들어 보자.

힌트는 영화나 드라마에서 여자가 남자에게 몸을 기대고 눈을 바라보면서 손가락으로 보석을 가리키고는 '이거 갖고 싶어'라고 중얼거리면 남자가 사주는 장면이다. 이것은 **설득적 의사소통 중 하나로, 신체가 근접하면 할수록 설득 효과가 올라간다는 심리**이다.

데이트 중에 마음에 드는 것을 발견하면 여자친구에게 가까이 다가가 '이거, 갖고 싶은데'라고 말해 보자. '가끔은 내가 사줄게!'라고 기분 좋게 사준다면 작전은 성공이다. 부담이 적은 금액으로 시험을 해보자.

부부간인 경우에는 '이 손목시계 갖고 싶은데'라고 중얼거리고 며칠 후에 다시 중얼거리는 작전을 전개해 보자. '안 돼!'라고 말하던 부인도 마침내는 '사고 싶으면 사'라고 마음이 바뀔 것이다. 이것은 **시간이 지나면 정보원과 정보 내용이 멀어지는 슬리퍼 효과**라는 심리가 작용하는 것이다.

상대가 기분 좋게 돈을 내게 하는 테크닉

조르는 것은 설득적 의사소통의 일종으로 이를 잘하는 사람은 무의식적으로 이 테크닉을 실천하고 있다. 상대가 기분 좋게 돈을 내게 하는 방법은 어떤 것인지 살펴보자.

가까이 가서 조른다

거리를 좁혀 부탁을 하면 상대는 거절하지 못한다. 상대에게 가까이 갈수록 설득 효과가 올라가는 것은 심리학적으로도 증명이 끝났다.

먼저 비싼 것을 조른다

비싼 것을 졸라보고 거절당한 후에 그것보다 좀 더 싼 것을 사달라고 한다. 대비 효과로 인상이 바뀌는 콘트라스트 효과를 이용하고 있다.

허영심에 호소한다

'이런 멋진 옷을 입은 애인을 데리고 걸으면 네 콧대도 올라갈 거야' 등 상대의 허영심에 호소해서 사달라고 조른다.

슬리퍼 효과로 능숙하게 조른다

남자든 여자든 능숙하게 조를 수 있는 방법 중 하나가 이것이다. 이 심리 작용을 이용하면 상대가 은근히 그렇게 하도록 만들 수 있다.

남편이 디지털카메라가 갖고 싶어서 아내에게 사달라고 하지만 처음에는 부탁을 들어주지 않았다.

다음은 직접 조르는 것이 아니라 '디카로 아이들 운동회를 찍고 싶다'고 중얼거리고 일주일 후에 다시 똑같은 말을 되풀이한다.

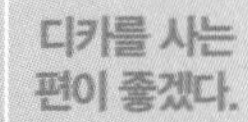

아내는 점점 '남편이 갖고 싶어 한다'라는 사실을 떼어놓고 자기도 사는 편이 좋을지도 모른다고 생각하게 된다.

이렇게 시간이 경과함으로써 정보원과 정보 내용이 분리되는 심리 효과를 슬리퍼 효과라고 한다.

새로 산 디카로 찍은 운동회 영상을 가족이 보는 등 선물하는 쪽에도 뭔가 메리트를 부여해 두면 다음 부탁도 들어주기 쉬워진다. 기억해 두자.

39 자신과 상대 둘 다 상처받지 않는 이별 방법

상대에 대한 배려를 보여 원망이나 미움을 멀리 보낸다

'이 사람과는 더 이상 안 만나는 편이 좋겠다'고 생각할 때 상대에게 어떻게 전할까? '더 이상 만나고 싶지 않다', '좋아하지 않으니까 헤어지고 싶다' 등 직설적으로 말을 하고 있지는 않는가?

이런 말은 서로에게 좋지 않다. **상대는 자존심에 상처를 입고 우울해져 원망이나 미움, 분노를 품는 경우도 있다.** 헤어지고 나서도 그런 감정을 표출해 올지도 모른다.

'나쁜 남자'라고 소문이 나 회사나 교우 관계에서 여러분의 평가가 떨어지는 사태가 일어날지도 모른다.

그런 단점이 없는 능숙한 이별 방법이 있다. 바로 **상대에 대한 배려를 강조하는 것이다.** '네 인생을 생각하면 나는 필요 없는 것 같아', '너에게 더 이상 부담을 지우고 싶지 않아'와 같이 어디까지나 상대를 위한 이별이라는 것을 전하는 것이다.

중요한 것은 '싫어진 것이 아니다'라는 서론을 잊어버리지 말도록. 이로써 상대도 '그런 이유라면 어쩔 수 없지. 나도 당신도 잘못한 건 아니야'라고 자신 안에서 정당화하여 받아들이게 된다는 것이다.

자존심을 유지한 채로 헤어지면 다른 사랑을 향한 여자친구의 의지도 보존되고 여러분의 죄책감도 덜어질 것이다.

돌직구로 이별을 고하면 안 좋은 이유

세상에서 항상 진실만 말해야 좋은 것은 아니다. 헤어질 때 돌직구로 전하면 단점이 있다.

장점

자신은 후련하다
거짓말을 하지 않고 진실을 말했으니까 기분도 가볍다.

상대도 기운내자고 생각할 수 있다
상대는 일시적으로 가라앉아 호감이 미움으로 바뀌지만 새로운 사랑을 찾으려고 하는 에너지가 된다.

단점

상대에게 상처를 준다
상대의 자존심에 상처를 주기 때문에 말한 사람에 대한 미움이 공격성으로 바뀔 우려가 있다.

평판이 나빠진다
상대를 생각하지 않고 자신의 마음을 단호하게 전하기 때문에 평판이 나빠질 가능성이 있다.

헤어질 때는 자신과 상대를 둘 다 지킨다

이별 이야기를 할 때는 자신의 마음을 우선하지 말고 무난한 변명을 준비하는 것이 좋다. 자신과 상대를 둘 다 지키는 것을 신경 쓰자.

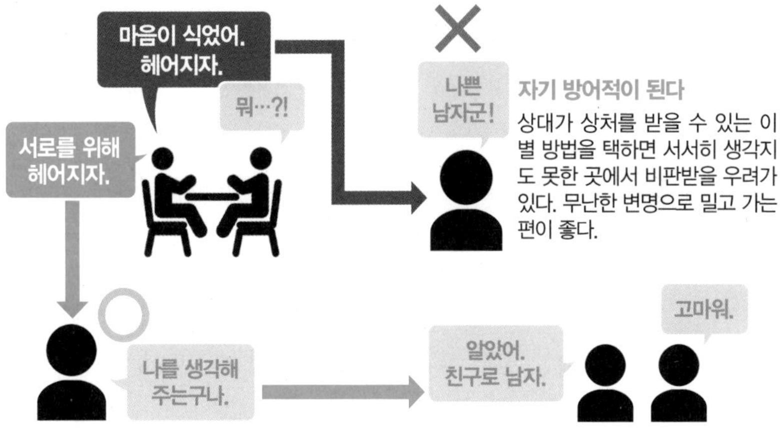

마음이 식었어.
헤어지자.
뭐…?!
서로를 위해
헤어지자.
나쁜
남자군!
나를 생각해
주는구나.
알았어.
친구로 남자.
고마워.

자기 방어적이 된다
상대가 상처를 받을 수 있는 이별 방법을 택하면 서서히 생각지도 못한 곳에서 비판받을 우려가 있다. 무난한 변명으로 밀고 가는 편이 좋다.

이렇게 하면 상대는 '서로를 위해'라고 헤어지는 이유를 자기 속에서 합리화(정당화)하여 그 상황을 받아들이게 된다.

상대가 받아들이기 쉬워진다
상대에 대한 배려를 보임으로써 상대는 이별을 보다 쉽게 받아들여 이별로 생기는 어려움이 일어나기 어렵다.

40 연애를 지속시키는 심리학의 법칙

자신과 비슷한 타입인지 보완하는 타입인지를 본다

괜찮은 사람이라고 생각해서 고백하여 사귀어 봤지만 왠지 자꾸 어긋나기만 한다. 그럴 때는 상대가 자신과 비슷한 타입인지 아닌지를 다시 생각해보기 바란다.

미국의 심리학자 버샤이드 등은 사람은 **자신과 비슷한 사람을 연애 대상으로 하는 경향이 있다고 결론짓고 이를 매칭 가설**이라고 이름을 붙였다. 예를 들어 같은 취미를 갖고 있다, 사고방식이 비슷하다 등 공통점을 발견함으로써 친밀감을 느끼고 거기에서 연애로 발전해간다는 패턴이다.

이것은 심리학에서는 **유사성 법칙**이라고 한다. 가치관이 비슷한 상대와는 마음이 평온하고 만족감 있는 연애 관계를 구축할 수 있다는 것이다.

반대로 자기에게 없는 매력을 가진 사람이나 부족한 부분을 보완해주는 사람에게 끌리는 경우도 있다. 이것은 **상보성 법칙**이라고 하는데 결혼 상대나 인생의 파트너를 고를 때 중요한 결정적인 요인이 된다고 할 수 있다.

내성적인 사람은 외향적인 사람에게, 대충인 사람은 꼼꼼한 사람에게 끌린다는 것이 정론이다. 부족한 것을 서로 채울 상대를 필요로 하는 것일지도 모른다.

지금 마음이 끌리는 상대는 과연 어느 쪽일까?

오래갈 파트너를 만나려면?

오래갈 파트너를 만나려면 사람이 어떻게 연애 파트너를 선택하고 결정하는지를 알 필요가 있다.

매칭 이론

심리학자 버샤이드 등이 주장한 바로는 사람은 자기와 비슷한 사람을 파트너로 선택하는 경향이 있다고 하는 이론이다. 자기보다 매력이 없는 상대를 거부한 결과 비슷한 사람끼리 커플이 탄생한다.

유사성의 법칙

만난 지 얼마 안 된 경우 서로를 잘 모르기 때문에서 유사점을 찾아 친근감을 높인다는 법칙. 유사점을 찾은 사람끼리는 연애로 발전하기 쉽다.

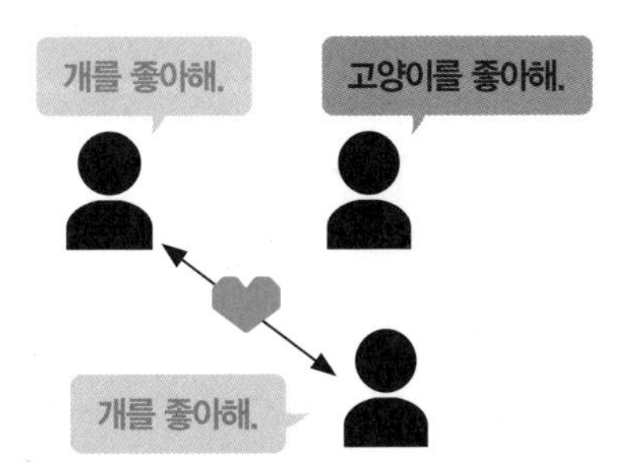

창의적 사고의 4단계

심리학자 그레이엄 월러스가 제창한 이론으로, 뭔가 새로운 것을 만들어 낼 때는 4가지 단계가 있다고 한다. 결혼 상대를 고를 때 자신이 어떤 단계에 있는지를 체크하고 결혼을 결정할 때 참고하도록 하자.

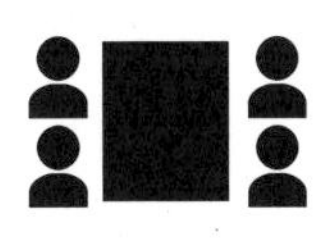

① 준비 단계

만남의 계기를 늘려야 하므로 회식이나 교류회에 참가한다. 사랑으로 옮겨가기 쉬워진다.

② 부화 단계

여러 번 데이트를 거듭해 상대를 보다 깊이 알게 된다.

③ 발현 단계

뜻밖의 순간에 이 사람과 결혼하겠다는 확신이 마음속에 생겨난다.

④ 검증 단계

가족이나 친구에게 소개하고 주위의 반응을 보면서 상대로 어울리는지 아닌지를 확인한다.

COLUMN

심리 테스트 ③
'잡지를 들고 걸어봐'

주위에 잡지가 있다면 그 잡지를 한 권 손에 들고 그 자리를 잠시 걸어보자. 5분 동안 아무것도 생각하지 말고 무심히 계속 걷는다. 5분이 지나면 그 자세 그대로 멈춘다.

자, 지금 잡지를 어떻게 들고 있는가?

A 잡지를 가슴 앞으로 안고 있다.

B 잡지를 둥글게 말거나 접은 채로 한 손에 들고 있다.

C 잡지를 그대로 손에 들거나 옆구리에 끼고 있다.

D 잡지의 페이지를 넘기고 있다.

☞ 심리 테스트 해답은 110쪽으로.

제 5 장

마음과 성격은 몸의 움직임과 버릇으로 알 수 있다

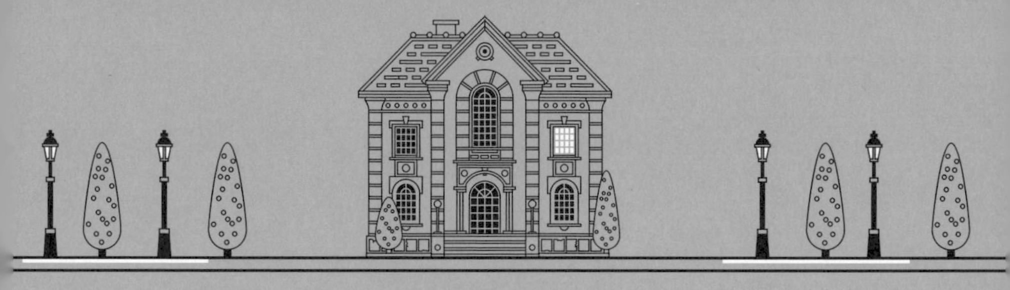

41 '손은 입만큼 많은 것을 말해 준다'는 진실

손바닥을 보이는 것은 마음속을 보이는 것

손짓 발짓이 큰 서양인에 비해 동양인은 제스처가 적다. 그래도 무의식적으로 나타나는 몸짓에 마음이 나타나는 것은 전 세계 공통이다. 그중에서도 손동작은 비교적 알기 쉬운 사인이다.

전제로 손은 마음과 연결되어 있다는 것. 말을 할 때 손이나 팔의 움직임을 보이지 않도록 하는 것은 마음속을 보여주기 싫다는 마음의 표현이다. 주먹을 세게 쥐고 있는 것도 이야기하고 싶지 않다, 듣고 싶지 않다는 표현이다. 마음을 닫고 있다.

손을 가볍게 쥐는 것은 평상적인 상태이다. 테이블 위에 올린 손을 펴고 있다, 팔을 벌리고 있다, 또는 손바닥을 보이고 있을 때는 편안하게 마음을 열고 있는 상태이다. 나를 받아들이려고 하고 있다고 생각할 수 있다.

팔짱을 끼고 손가락으로 테이블을 톡톡 두드리는 것은 양면성이 있는 동작이다. 차분하게 내 이야기에 관심을 갖고 있는 경우와 초조함이나 거절을 나타내는 경우가 있으므로 표정이나 손 이외의 동작과 함께 판단하자.

내 이야기를 신뢰하지 않을 때 또는 거짓말이나 속이려고 할 때는 코에서 아랫부분을 만지는 경우가 많다. 시계를 보거나 만지고 있다면 이야기를 빨리 끝내고 싶은 마음이나 긴장감의 표현이라고 생각할 수 있다.

손은 진짜 마음을 말해준다

서양인들이 대화를 할 때 손짓 발짓이 큰 것은 잘 알려져 있지만 의식적인 몸짓 외에도 사람의 마음은 무의식적으로 손의 움직임에 나타난다.

①손가락으로 책상을 두드린다

초조함이나 긴장, 거부를 나타낸다. 불만을 억누르기 위한 행동으로 본심을 감추기 위해 무의식적으로 하는 경우가 많다.

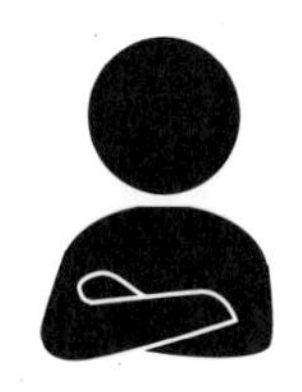

②팔짱을 낀다

타인을 자신의 영역으로 들어오지 못하도록 거부하는 자세. 단 웃는 얼굴로 팔짱을 끼거나 맞장구를 치는 경우는 반대로 관심을 나타낸다.

③책상 위에 손을 벌려서 놓는다

편안한 상태로 상대에게 관심이 있다는 것을 나타낸다. 주먹을 세게 쥐고 있는 경우는 이야기를 듣고 싶지 않다는 'NO' 사인이다.

④이마에 손을 댄다

망설임이 있어서 상대를 믿고 있지 않는 심리를 나타낸다. 또 코에 손을 대고 있는 경우는 상대의 이야기가 진짜인지 아닌지 의심하고 있는 동작이다.

⑤손을 감춘다

상대의 접근을 거부하고 있다. 둘이서만 이야기하고 있을 때는 자신의 마음을 들키기 싫다는 심리 상태라고 생각할 수 있다.

⑥입에 손을 댄다

말하고 싶은 것이 있는 데도 말하지 않는다(말할 수 없다)는 심리를 나타낸다. 상대가 윗사람이라 상대의 입장을 고려해 말하지 않는 경우도 있다.

⑦시계를 만진다

이야기를 하면서 시계를 만지는 것은 긴장을 감추려고 하는 것이다. 이런 경우 상대를 편하게 만드는 화법에 신경 쓰자.

⑧턱에 손을 댄다

상대로부터 공격받고 있을 때의 방어 자세이다. 또한 거짓말을 할 때나 자신의 말에 신중해지는 경우에도 하기 쉬운 동작이다.

42 '눈은 입만큼 말을 한다'는 근거

호감이 있는 것에 대해서는 동공이 자연스럽게 열린다

심리학을 들고 오지 않아도 경험으로 알고 있는 것, 자연스러운 것이라고 느끼는 현상들도 많이 있다. '눈은 입만큼 말을 한다'라는 말이 옛날부터 있을 정도로 흔히 있는 현상이다.

실제로 사람은 좋아하는 것을 보면 자연스럽게 동공이 열린다고 한다. '눈을 반짝반짝 빛내고'라는 말은 관심이 있는 것, 즐거운 것에 대한 표현으로 사용하는데 이는 단순한 비유가 아니었던 것이다.

원래 눈이 맞는다는 것은 상대도 이쪽을 보고 있다는 뜻이다. 이쪽에 관심이나 호감이 있다는 말이다. 또 눈을 마주치지 않는다, 바로 눈을 돌린다는 것은 긴장감이나 거부의 마음의 표현이라는 것이 일반적이다.

이를 이용하면 상대의 눈을 봄으로써 '당신의 이야기에 관심이 있다', '당신에게 호감을 갖고 있다'라는 마음을 전달할 수 있다.

그런데 너무 계속 바라보거나 강한 시선으로 바라보면 사람은 위압감을 느낄 수 있다. 또 바라보는 횟수가 많아도 힐끔힐끔 보면 신경이 쓰여 불쾌감을 초래할지도 모른다. 부드럽고 자연스럽게 상대의 눈을 보자. 그리고 눈이 맞으면 입가에 미소를 띤다. 이것이 호감을 전달하는 비법이다.

눈의 방향으로 상대의 거짓말을 간파한다

질문 등에 대답할 때 어떤 사고 회로를 사용하고 있는지에 따라 시선의 방향이 바뀐다. 상대의 시선의 방향을 주의 깊게 보면 거짓말을 간파하는 것도 불가능하지 않다.

①시선이 오른쪽 위인 경우

지금까지 본 적이 없는 광경을 상상하고 있어서 거짓말을 하려고 한다는 것을 알 수 있다.

②시선이 왼쪽 위인 경우

과거의 경험, 이전에 본 광경을 떠올리고 있다. 자신의 과거를 질문받았을 때 일어나기 쉽다.

③시선이 오른쪽 아래인 경우

아픔 등 신체적인 이미지를 느끼고 있다. 질문 내용이 아픔으로 연결되는 듯한 것일 경우에 나타난다.

④시선이 왼쪽 아래인 경우

청각 이미지, 음악이나 목소리 등을 느끼고 있다. 질문의 소리와 관련된 이미지를 읽어 들이고 있다.

(※왼손잡이인 사람은 반대로 나타나는 경우가 있다)

눈으로 상대의 성향을 알 수 있다

사람의 마음은 눈에 분명히 나타난다. 눈의 움직임을 봄으로써 상대가 어떤 성향의 인간인지를 알아낼 수도 있다.

①윗사람에게 계속 눈이 향하는 사람

상대를 적극적으로 바라보는 것은 상대에 대한 관심의 표현. 윗사람에게만 시선을 향하고 아랫사람에게는 눈길도 주지 않는 것은 권위에 약한 사람일 가능성이 크다.

②손에 있는 자료에서 얼굴을 들지 않는 사람

자신의 페이스로 상황을 진행시키고 싶은 사람, 상대에게 반대 의견을 듣기 전에 자신의 의견이나 조건을 말해버리고 싶거나 자신이 주도권을 잡고 싶은 사람.

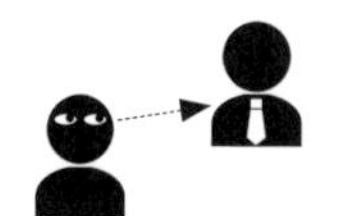

③상대의 넥타이 부근을 힐끔힐끔 보는 사람

직감이나 재치를 중요하게 생각하는 사람일 가능성이 크다. 첫인상으로 상대의 성격 등을 결정해 버리고 이야기를 하는 경향이 있으며 이야기가 통하지 않는 경우가 있다.

④시선이 갈팡질팡 헤매는 것이 버릇인 사람

사람과 이야기하는 동안에도 사고가 여기저기로 날아다니는 것이 원인으로, 두뇌 회전이 빠르고 크리에이티브한 일을 하고 있는 사람에게 많이 나타난다.

43 주목해야 할 다양한 입 동작

얼굴 아랫부분의 긴장은 마음의 긴장과 연결된다

입도 손과 마찬가지로 다물고 있으면 마음도 닫고 있는 경우가 많고 상대에게도 그런 인상을 준다.

물론 말을 하지 않을 때는 입을 다물고 있지만, 굳게 다물고 있다거나 볼을 부풀리거나 턱을 당기고 이를 꽉 물고 있을 때는 사람을 받아들일 마음이 크지 않다고 생각할 수 있다. 일반적으로 얼굴 아랫부분이 긴장되어 있는 것은 'NO' 사인이라고도 할 수 있다.

입을 크게 벌리고 웃거나 재미있는 말을 해서 혀를 내밀고 있는 것은 마음을 허락한 상대에게 보이는 동작이다. 또 '혀로 입술을 핥는 것'처럼 입술을 핥는 것은 상대에게 관심이 있다는 사인이다. 단, 긴장해서 입술이 마른 것이 신경이 쓰이는 경우에는 좋은 의미가 아니다.

또한 혀로 입술을 핥는 것은 품위 있는 행동으로 받아들여지지 않는 경우가 많으므로 비즈니스 관계나 친해지고 싶지 않은 상대 앞에서는 보여주지 않는 편이 좋다.

표정의 인상은 한 부위만으로 결정되는 것이 아니다 손과 눈과 마찬가지로 입 동작도 마음속을 많이 표현하지만 동시에 모든 것이 어우러져 이미지를 형성한다는 것을 잊지 말기 바란다.

대화 중 입가에도 눈을 돌리자

대화 중 입가에도 상대의 심리를 나타내는 사인이 숨겨져 있다. 손이나 눈뿐만 아니라 입가에도 주의해서 상대의 심리를 읽어보자.

일반적으로 얼굴 아랫부분이 긴장되어 있는 경우는 'NO' 사인이다. 손이나 눈과 함께 입가의 움직임도 주시하면 높은 확률로 상대의 심리를 읽어 들일 수 있다.

대화 중 상대가 끊임없이 입술을 핥고 있다

가능성 1
입술을 핥는 것은 뭔가에 마음을 빼앗기고 있다는 증거이다. 상대가 자신의 이야기에 관심을 갖고 있을 가능성이 있다.

가능성 2
상대가 긴장하고 있기 때문에 입술이 말라 그것이 신경 쓰여 입술을 핥고 있을 가능성도 있다.

입 주위로 알 수 있는 심리 상태

입을 크게 벌리고 웃을 수 있는 상대에게는 마음을 열고 있는 등 마음의 움직임은 입 주위와 연결되어 있는 경우가 많다. 입 주위가 나타내는 마음의 신호를 살펴보자.

① 입을 굳게 다물고 있다

상대의 이야기를 듣고 싶지 않다고 생각하거나 상대에게 호감을 갖고 있지 않다.

② 입을 삐죽거리고 있다

상대의 이야기에 불쾌감을 느끼고 있거나 그대로 인정할 수 없다고 느끼고 있다.

③ 혀를 볼 안쪽에서 밀고 있다

사람은 듣고 싶지 않은 이야기를 듣고 있을 때 턱 근육이 긴장되는 동작을 해버린다.

④ 턱을 당기고 이를 꽉 물고 있다

듣기 싫은 이야기를 듣고 있을 때 나오는 동작. 불쾌감이 겉으로 나타나 버린다.

44 머리의 움직임으로 파악할 수 있는 것

고개를 끄덕이는 것에도 다양한 감정이 깃들어 있다

얼굴의 표정과는 별도로 머리 전체의 움직임으로도 상대의 마음을 읽을 수 있다. 동시에 자신의 머리의 움직임을 의식함으로써 상대에게 주는 이미지를 쉽게 제어할 수도 있다.

상대에 대해 머리를 뒤로 빼면 위압감이나 잘난 척하는 느낌을 준다. 반대로 앞으로 기울이는 자세는 관심을 갖고 있다는 것, 의욕이 있다는 것을 전달한다. 그것이 옆으로 기울이면 의견에 동조하기 힘들다 또는 지루하다는 가능성이 높아진다. 더욱이 사람과 대면하고 있는 장면에서 턱을 괴는 것은 상대를 그다지 중요시하지 않는다는 표현으로 받아들이기 쉽다.

턱을 당기는 동작은 적당하면 성실한 인상을 주지만 눈을 치뜨고 상대를 본다면 위협이나 반론의 마음이 들어있다.

고개를 끄덕이는 방법에 따라서도 마음속을 표현하거나 상대에게 주는 인상을 바꿀 수 있다. 몸을 앞으로 내밀고 상대의 이야기에 손장단을 치듯이 타이밍이 좋은 끄덕임은 최고의 의사소통이 된다.

하지만 너무 빈번히 끄덕이거나 같은 타이밍에서 3번 이상 반복해서 끄덕이면 상대가 봤을 때 '가볍게 수긍하고 있다', '인사치레로 끄덕이고 있다'는 인상을 주는 경우가 있다.

머리의 움직임은 상대의 마음의 신호

대화를 할 때 상대가 어떻게 생각하는지는 그 사람의 머리의 움직임을 보면 의외로 알 수 있다. 몇 가지 예를 살펴보자.

① 이야기에 관심이 있다

머리는 숙이고 있지 않지만 책상 쪽으로 몸을 내밀고 상체를 앞으로 기울이고 있다.

② 지겨운 이야기라고 생각하고 있다

머리를 비스듬히 기울이거나 턱을 괴고 기울인 머리를 지지하고 있다.

③ 상대에게 관심을 갖고 있다

상대를 잘 보려고 다가와 책상 위에 놓인 재떨이나 컵을 옆으로 이동시킨다.

④ 상대에게 반론하고 싶다고 생각하고 있다

턱을 당기고 눈을 치켜뜨고 쳐다본다. 무의식적으로 상대를 위협하려고 한다.

고개를 끄덕일 때도 마음의 움직임이 나타난다

고개를 끄덕이는 것은 긍정의 동작이지만 빈도에 따라서는 다른 심리 상태를 나타낼 수도 있다. 끄덕임의 종류로부터 상대의 심리를 읽어보자.

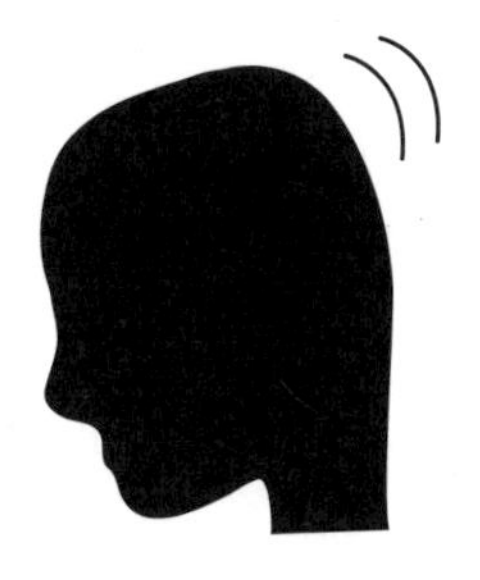

상대가 고개를 끄덕이고 있으면 긍정적 신호라고 생각해 기분 좋게 이야기를 하지만 주의가 필요하다. 끄덕임의 종류에 따라서는 전혀 다른 심리 상태일 가능성도 있다.

이야기 흐름을 무시하고 끄덕이고 있다

이야기의 내용과 상관없이 고개를 끄덕이는 것은 사실은 상대의 이야기를 받아들이지 않고 거절하고 있다는 것을 나타낸다.

3번 이상 반복해서 끄덕이고 있다

깊이 수긍하는 듯한 느낌을 받지만 사실은 인사치레일 가능성이 높다.

몸을 앞으로 내밀고 끄덕인다

이야기하는 사람에게 호감을 갖고 이야기 내용에도 관심을 갖고 있다는 것을 나타낸다.

45 사람의 본심은 발의 움직임에 나타난다

초조함이 초조함을 부르는 다리 떨기에는 특히 주의해야 한다

행동학적으로 보면 사람의 본심이 정직하게 나타내는 동작 중에서 가장 신뢰가 가는 것은 자율 신경 신호라고 한다.

긴장하면 식은땀이 난다. 레몬을 보면 침이 고인다. 이런 것들은 스스로 제어하기 힘든 자연적인 반응으로, 감출 수가 없다. 가장 신뢰받지 못하는 것은 말이고, 그 다음이 표정이다. 몸짓은 표정보다 더 신빙성이 있다고 한다.

손과 마찬가지로, 발도 본심이 나타나기 쉬운 곳이다. 딱딱하게 발을 모으고 있으면 마음도 닫고 있는 것이고, 자연스럽게 발이 벌어져 있으면 편한 상태라고 생각할 수 있다.

오른발을 위로 올려 꼬는 사람은 소극적인 성격이고, 왼발을 위로 올려 꼬는 사람은 적극적이고 자기 주도적인 경향이 있는 사람이라고 한다. 발을 빈번히 바꿔 꼬는 것은 따분하거나 지루할 때 나오는 동작이다.

다리를 떠는 것은 초조함이나 불안, 긴장을 느낄 때 나오는 경우가 많다. 다리를 떠는 것은 상대도 초조하게 만들기 때문에 주의해야 한다. 다리를 떨 때는 심호흡을 하거나 일어서서 기분을 바꿔보자.

상대가 다리를 떨고 있다면 '다른 의견이 있는지' 상대의 기분을 물어보는 것도 좋다.

발에 감춰진 사람의 본심

감추려고 해도 사람의 본심은 발에 나타난다. 다리의 움직임을 주시하면 그 사람의 마음이 보인다.

①다리를 모으고 있다

상대를 들여놓고 싶지 않다는 마음의 표현이다. 반대로 다리를 벌리고 있으면 상대에 대해 호의적이라는 증거이다(남자의 경우).

②다리를 모아 비스듬히 앉아 있다

여성에게 많이 보이는 앉는 방법으로 자신감이나 자존심이 높다는 것이 나타난다. 부추김에 넘어가기 쉬운 성격인 경우가 많다.

③오른발을 위로 올려 꼰다

약간 내성적이고 소극적인 성격을 나타낸다. 반대로 왼발을 위로 올려 꼬고 있으면 적극적이고 개방적인 성격일 가능성이 많다.

④발을 앞으로 던지듯이 내밀고 있다

이야기가 지루하거나 관심이 없다는 것을 나타낸다. 다리가 문 쪽으로 향해 있다면 빨리 이야기를 끝내고 돌아가고 싶다고 생각하고 있다.

다리를 떠는 것은 불만의 표출

다리를 떠는 것은 별로 좋은 행동으로 여겨지지 않는데 이야기하고 있는 상대가 이 행동을 한다면 주의해야 한다.

상대가 다리를 떨고 있다면…

다리를 떠는 것은 심리학적으로 억압 행동의 일종으로 좌절이나 심리적 스트레스를 억누르기 위해 몸이 저절로 취하는 행동이다.

양팔을 좌우로 가볍게 벌리고 손바닥도 벌려 자연스럽게 앉아 있다면 상대는 편안한 상태이다. 이 상태에서 다리를 떨기 시작했다면 상대는 자신에 대해 불만을 느끼고 있다는 증거이다.

뭔가 신경이 쓰이는 일이나 불만이 있다는 증거이므로 주의 깊게 접근하도록 하자. '다른 의견이 있습니까?'라고 질문을 해 문제의 원인을 찾는 것도 좋다.

46 동요했을 때의 몸짓을 놓치지 않는다

본인도 깨닫지 못하는 무의식적 행동을 힌트로

보디랭귀지는 사람과의 의사소통을 원활하게 하기 위한 힌트를 준다. 또한 포커페이스가 필요한 경우에 감춰두고 싶은 자신의 본심을 상대에게 보여주지 않도록 의식적으로 주의하는 것도 가능하다.

예를 들어 사람이 자신의 몸을 만지는 행동은 진정되지 않는 기분, 동요하고 있는 기분의 표출이다. 긴장이나 불안을 느끼면 누군가와 함께 있고 싶어지고 뭔가를 만지고 싶어진다. 이것을 **'친화적 욕구'**라고 한다.

이 욕구를 진정시키기 위해 자신의 몸을 만지는 **'자기 친밀 행동'**으로 채우려고 하는 것이다.

머리카락을 만진다, 머리를 긁는다, 손을 비빈다. 단추나 주위에 있는 종이나 펜을 만진다, 입가에 손을 댄다는 행동은 꺼림칙한 일이 있는 표시라고 할 수 있다.

표정을 읽히고 싶지 않다는 기분이 **얼굴 일부를 숨기는 동작으로 나타난다**고 생각할 수 있기 때문이다. **큰 손짓 발짓**도 본래의 자신보다 크게 보이고 싶은 기분을 나타내는 것이라고 한다.

몸을 앞으로 내미는 동작은 상대나 상대의 이야기에 관심이 있다는 의미와 위협적인 의미를 느끼게 한다. **똑같은 동작이 반대의 의미를 가지는 경우도 있으므로 동작, 표정, 목소리 톤 등을 복합적으로 판단하는 것이 중요하다.**

마음의 동요를 나타내는 동작

마음이 동요할 때 사람은 자신의 몸을 만진다. 이야기하는 상대가 무심코 몸을 만지는 동작을 보이면 동요하고 있다는 증거가 된다.

사람은 불안이나 긴장을 느낄 때 자신의 몸을 만짐으로써 그것을 진정시키려고 하는 자기 친밀 행동을 한다.

친화적 욕구

불안을 느끼고 누군가와 함께 있고 싶어지거나 뭔가를 만지고 싶어지는 욕구.

안심이 돼….

사람은 긴장이나 불안을 느끼면 친화적 욕구를 충족시키기 위해 누군가를 만지고 싶어진다. 이 욕구를 채울 대리 행위로 자기 친밀 행동을 한다.

행동에 나타나는 심리

행동이나 보디랭귀지에는 상대의 마음이 감춰져 있다. 아주 사소한 행동으로도 상대의 감춰진 심리를 알 수 있으므로 놓치지 말도록 하자.

몸을 앞으로 내민다

이야기하는 상대가 몸을 앞으로 내미는 자세였던 경우 언뜻 보면 내 이야기에 관심이 있는 듯이 보이지만 그렇지 않은 경우도 있다.

긍정인 경우

- 어깨의 힘이 빠져 있다.
- 몸이 내 쪽으로 정면을 향하고 있다.
- 앉아 있을 때 팔을 가볍게 벌리고 있다.
- 앉은 상태에서 무릎이 나를 향해 있다.

거부인 경우

- 어깨에 힘이 들어가 상체가 경직되어 있다.
- 팔짱을 끼거나 손깍지를 끼고 있다.
- 몸이 나에 대해 비스듬히 향하고 있다.
- 무릎이나 발끝이 나와 다른 방향을 향하고 있다.

손짓 발짓이 크다

자신을 보다 크게 보이고 싶다는 심리가 나타나 있다. 평소에 자기 현시욕이 강하고 눈에 띄고 싶어 하는 사람일 가능성이 크다.

사이에 짐을 놓는다

옆 사람과 소파에 앉을 때 상대가 사이에 짐을 놓는다면 별로 가까이 하고 싶지 않다고 생각하고 있는 증거이다.

COLUMN

심리 테스트 ③ (96쪽)

'잡지를 들고 걸어봐' 해답

이 테스트는 5분 동안 무심히 걸어 다닌 후의 잡지의 상태가 키포인트이다. 잡지를 들고 있는 방법으로 그 사람과 타인의 관계를 알 수 있다. 무심코 하는 행동으로 본성이 보이는 것이다. 이 심리 테스트를 참고로 마음에 드는 상대의 감춰진 본심을 알아보자.

A 자기 방어형

잡지를 가슴 앞에 품고 있는 것은 자신의 몸을 지키려고 하는 행동의 표출이다. 만일 거리에서 이렇게 책이나 노트를 들고 있는 사람을 보면 그 사람은 방어가 강하다는 것이다.

B 자의식 과잉형

잡지를 둥글게 말거나 접어서 한 손에 들고 있는 사람은 개방적이고 활동적이다. 젠체하는 행동으로 타인의 눈을 의식하는 경우도 있다. 가볍게 말을 걸 수 있는 사람이다.

C 기가 센 쾌활형

잡지를 옆구리에 끼는 것은 남자에게 자주 보이는 행위이다. 즉 '남성적'인 것을 드러내는 것이다. 이것을 여자로 바꾸면 남자와 이야기하는 것도 주저하지 않는 쾌활한 사람이 된다.

D 호기심 왕성형

호기심이 강하고 뭐든지 알고 싶어 하는 사람이다. 부정적인 부분도 있다. 그 호기심이 강해서 무서운 것도 모르고 대담한 행동을 하는 경우도 있다.

제 6 장

자신의 평가를 쑥쑥 올리는 심리 테크닉

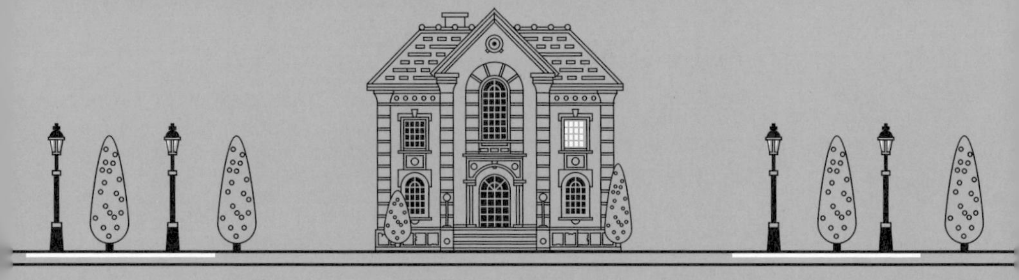

47 약점을 내보여서 인상을 좋게 한다

약점을 보임으로써 '신뢰하고 있다'는 것을 전달한다

사람에게는 '상대에게 좋게 보이고 싶다', '멋있는 부분을 보이고 싶다'는 마음이 있다.

때문에 자신에 대해 있는 그대로의 모습으로 응대해 주는 상대에 대해 '자신을 친근하게 느끼고 있다'고 생각하는 것이다. 더욱이 **상대도 약점을 보여준다면 '나를 신뢰해 준다'고 느끼고 친근감이나 호감을 갖게 된다.**

아무에게나 하지 않는 자기 이야기를 상대에게 전하는 것을 **'자기 개시(開示)'**라고 한다. 그러면 상대도 똑같은 수준의 자기 개시를 하기 쉬워진다. 이것이 **'자기 개시 반보성'**이다. 이것을 서로 반복함으로써 사람은 상대와의 거리가 좁혀졌다고 느끼고 실제로 관계가 깊어져 가는 것이다.

'너한테만 하는 이야기인데…', '비밀로 해줬으면 하는데 사실은…'이란 말로 시작하는 '비밀의 공유'도 마찬가지로 관계를 깊게 만들어 준다.

그런데 **자기 개시나 비밀을 공유할 때는 타이밍에 주의해야 한다.** 그다지 친하지 않은데 중대한 비밀을 털어놓으면 상대는 압박감을 느낀다. 자신도 뭔가 털어놓아야 한다고 생각하기 때문이다.

입이 가벼운 사람이라고 받아들이지 않기 위해서도 상대와의 거리를 고려해서 우선은 조심스러운 자기 개시부터 시작해 보자.

약점을 내보이는 것이 왜 좋은가

좋아해 줬으면 하는 상대에게 좋은 인상을 주기 위한 심리학의 테크닉 중 하나로 약점을 내보이는 것이 있다. 약점은 의사소통에 있어서는 강점이 될 수도 있다.

자기 개시

자신의 성격이나 취미와 같은 사생활과 관련된 것이나 약점이나 결점 등을 상대에게 내보인다.

자기 개시 반보성

상대가 자기 개시를 하면 그에 대해 자신도 응답해야 한다고 생각해서 똑같은 수준의 자기 개시를 해 온다.

단…

안 지 얼마 안 되는 사람이 무거운 고민을 털어놓으면 상대는 당황한다. 심각한 이야기는 친해지고 나서 털어놓는 편이 무난하다.

비밀의 공유로 친해진다

마음이 가는 상대에게 살짝 비밀을 털어놓는 것도 친해지기 위한 테크닉 중 하나이다. 연애의 숨은 테크닉으로도 활용할 수 있다.

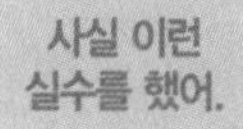

'이거 너한테만 털어놓는 건데…'라고 먼저 운을 띄우고 마음이 가는 상대에게 비밀을 털어놓아 본다.

비밀의 공유

상대가 비밀을 털어놓으면 '비밀을 말해 준다는 것은 나를 믿고 있다'고 생각해 둘의 관계가 단숨에 친밀해진다.

상대는 비밀을 털어놓은 사람을 걱정하고 항상 생각하는 심리 상태가 된다. 연심을 품고 있을 가능성도 있다.

48 겉모습의 첫인상은 역시 중요하다

메라비언 법칙을 염두에 두고 첫 만남에서 좋은 인상을 얻는다

처음 만나는 사람을 앞에 두었을 때 상대가 어떤 사람인지 판단하는 재료는 '겉모습'뿐이다. 그 후에 이야기를 하다보면 판단 재료가 늘어가지만 처음에 느끼는 첫인상을 뒤집는 것은 상당히 어렵다고 한다.

사회심리학자 애쉬는 실험을 통해 첫인상은 겨우 처음 5초 정도에서 결정된다는 것을 밝혔다. 이것을 '초두 효과'라고 한다.

더욱이 **미국의 심리학자 메라비언에 따르면 그 인상을 결정하는 것은 표정, 태도, 복장 등과 같은 시각 정보가 55%라고 한다.** 우리는 처음 만난 5초로 판단되는 것이다.

이는 다시 말하면 첫 대면 시 '이렇게 보이고 싶다'는 외모를 만들면 상대가 그렇게 생각하도록 할 수 있다는 것이다.

우선 첫눈에 보이는 외모를 정돈할 것. 그래도 첫 만남에서 실패한 경우는 **'최신 효과'**, **'후광 효과'**라고 하는 심리학적 현상으로 만회하자. 후광 효과란 어떤 사람에 대해 새로운 정보가 더해짐에 따라 그 사람의 인상이 확연히 바뀌는 것을 말한다.

첫 만남의 인상은 강하므로 쉽지는 않지만, 만회할 수 있다면 더 강하게 상대에게 전하고 싶은 자신의 인상을 남길 수 있을 것이다.

첫인상으로 호감도가 결정된다

일이나 사생활에서 친해지고 싶은 상대와의 거리는 일단 겉모습으로 결정된다. 첫인상은 상대와의 관계를 좌우하는 중요한 요소이다.

A와 B, 두 남자를 처음 만났을 때 머리 모양과 같은 첫인상에서 A는 단정한 사람, B는 지저분한 사람이라는 라벨이 매겨진다.

두 번째 →

A와 B는 머리 모양이 똑같이 단정하지만 첫인상의 영향으로 아무래도 A가 더 단정하다고 느낀다.

그 이후 →

지저분한 사람이라는 꼬리표가 붙은 B의 인상은 그대로 바뀌지 않고, 그런 인상을 갖고 있는 B도 정말 단정하지 않은 행동을 하게 된다.

라벨링

사람을 처음 만났을 때 무의식적으로 상대가 '이런 사람'이라고 꼬리표를 붙이는 일.

초두 효과	처음에 정착한 이미지가 그 사람 전체의 이미지를 결정해 버리는 심리적 현상.

처음에 붙은 나쁜 인상은 바꿀 수 있다

한번 붙어버린 나쁜 첫인상의 이미지를 뒤집는 일은 힘들지만 만회가 불가능한 것은 아니다. 최신 효과나 후광 효과를 잘 이용하자.

첫 만남　　두 번째

첫 만남　　두 번째

최신 효과

처음 인상과 나중의 인상이 다른 경우 나중의 인상이 보다 남기 쉽다는 심리적 현상. 사물을 단순화하여 생각하는 사람일수록 그 경향이 강하다.

후광 효과

후광 효과는 어떤 사람에 대한 새로운 정보가 추가됨으로써 그 사람에게 갖고 있던 인식이 확 달라지는 심리적 현상을 말한다.

49 불쾌감을 유발하는 입버릇을 체크

의식해서 고치고 싶은 부정적인 마음이 나오는 입버릇

버릇은 본인은 깨닫기 힘든 반면 상대에게는 강한 인상을 남긴다. 특히 상대를 짜증나게 만드는 버릇일수록 눈에 띄어 신경이 쓰이는 법이다.

많이 하는 부정적인 입버릇으로 **'G언어'**가 있다. **'그치만', '그런데', '그러나'** 이런 말 다음에 나오는 것은 부정이나 변명, 포기와 같은 말로 인상이 좋지 않은 말들이다.

무의식적으로 자연스럽게 이런 말들을 쓰고 있지는 않는가?

'이 서류 잘못된 거 같은데'라고 했을 때 '그치만 지시 안 했잖아요', '다시 만들어', '그런데 시간이 없어요'라는 대화를 자주 한다.

이 경우 '죄송합니다. 어떻게 하면 좋을까요?', '급한 업무가 있는데 어느 쪽을 먼저 할까요?', '지금 바로 할 수 없는데 언제까지 필요합니까?' 등과 같이 G언어를 피해서 문제를 해결하는 것이 좋다.

그 외에 **'우선', '일단'과 같이 자신이 없으면 책임을 포기하는 듯한 말투는 자기 방어를 느끼게 한다.** 반대로 '절대~'라고 단정적인 말을 쉽게 연발하면 무책임한 이미지를 줄 수 있다.

상대를 불쾌하게 만드는 입버릇을 고치자

입버릇에는 그 사람의 성격이 나타난다. 나쁜 입버릇을 계속 사용하면 자신의 나쁜 부분을 여과 없이 보여주게 되므로 의식적으로 고치는 것이 좋다.

부탁을 했는데 상대가 '일단'이나 '우선'과 같은 말을 하면 자신이 없다, 책임을 회피하는 듯한 인상을 받는다.

상대를 불안하게 만들지 않도록 했는지 안 했는지 분명하게 대답하는 편이 좋다.

자신이 넘쳐 '무조건', '절대'를 연발하는 사람은 말만 거창하게 해서 상대의 관심을 끌고 자신을 크게 보이고 싶은 사람일수도 있다.

여차하면 변명하면 된다는 안이한 생각은 결과적으로 상대의 신뢰를 잃어버리게 한다.

G 언어를 사용하지 말고 대화하자

부정적인 말의 대표적인 G 언어. 상대를 불쾌하게 만드는 이 말을 사용하지 않고 대화하는 쪽이 인간관계가 더 원만해진다.

G 언어
'그치만', '그런데', '그러나'

첫 글자를 로마자로 바꾸면 G로 시작한다는 뜻에서 이렇게 부른다. 이 말 다음에는 반드시 부정적인 말이 와서 듣기 불편한 변명으로 들린다.

사용한 경우
오늘 중으로 끝내놔.
그런데 오늘은 프레젠테이션으로 피곤해서….
사용하지 않는 경우
어쩔 수 없지. 괜찮아.
오늘은 몸이 안 좋아 내일 아침 일찍 해도 될까요?

'그런데'가 입버릇인 사람은 분명하게 반대 의견을 말하지 않고 불만만 말하므로 상대를 불쾌하게 만들기 일쑤이다.

G 언어를 사용하지 않고 합당한 이유를 말하고 구체적인 해결책을 제안하면 상대를 불쾌하게 만들지 않고 해결할 수 있다.

50 회의에서는 총괄할 수 있는 쪽에 자리 잡는다

역할이나 회의의 진행 방향은 자리에 의해 좌우된다

회의 자리는 그 자리에 있는 사람들의 인간관계나 회의의 역할에 따라 자연스럽게 정해진다. 반대로 말하면 **앉는 자리에 따라 자신의 입장이나 역할을 상대에게 인식시켜 줄 수 있다**는 것이다.

다음 페이지에 있는 일러스트를 보기 바란다. 여러분이 의장이라면 어떤 자리에 앉겠는가? 대답은 A나 E가 될 것이다. 가운데에 앉는 사람은 권위를 갖고 있는 분위기가 자연스럽게 생겨난다.

즉 **전체를 한눈에 볼 수 있는 자리에 리더가 앉음으로써 회의 진행이 매끄러워지는 것**이다. 자신이 리더십을 발휘하고 싶을 때는 가능한 한 전체를 내다볼 수 있는 자리를 선택하자.

누군가의 맞은편 자리를 일부러 선택해 앉는 사람은 **정면에 있는 상대에게 대항하고 싶은 기분**을 갖고 있는 사람이 많다고 한다. 또한 리더십이 약하고 회의가 중간에 느슨해지는 것 같을 때는 정면에 앉은 참가자끼리 잡담을 하고, 회의 진행이 제대로 되고 있으면 옆 사람끼리 잡담하는 경우가 많다고 한다.

이런 현상은 이를 해명한 미국의 심리학자의 이름을 따서 **'스틴저 효과'**라고 한다. 참고로 누군가의 의견 다음에는 그에 반대하는 의견이 나온다는 현상도 보고되었다. 이러한 법칙을 알면 마음의 준비를 한 후에 회의에 임할 수 있을 것이다.

회의의 성공은 알맞은 자리로부터

사실 회의에서는 앉는 위치에 따라 역할이 결정된다. 회의를 원활하게 진행하기 위해서는 각자가 적절한 자리에 앉을 필요가 있다.

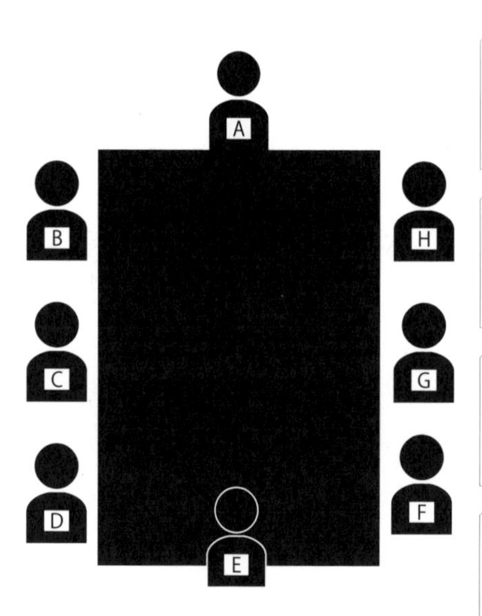

포인트 1

회의를 총괄하는 타입의 리더는 전체를 다 볼 수 있는 A나 E 자리에 앉음으로써 회의 진행이 원활해진다.

포인트 2

참가자와의 인간관계를 중시하는 보좌적인 서브 리더 타입은 G나 C 자리에 앉는 편이 좋다.

포인트 3

회의에 별로 참가하고 싶지 않고 의욕이 없는 타입은 B, D, H, F와 같은 모서리 자리에 앉는 것이 좋다.

포인트 4

멤버가 의견을 내기 쉬운 환경을 만들고 싶다면 사각 테이블이 아니라 원형 테이블에서 회의를 하는 것이 좋다.

스틴저 효과

미국 심리학자 스틴저가 소규모 집단의 생태를 연구하여 발견한 효과. 아래에 있는 3개의 현상의 총칭으로 스틴저 3원칙이라고도 한다.

반대!

1

예전에 언쟁한 상대가 있는 회의에서는 서로 마주보고 앉는 경향이 있다.

2

한 사람의 발언이 끝났을 때 그 다음에 발언하는 사람은 반대 의견인 경우가 많다.

3

리더의 리더십이 약한 경우는 정면에 있는 사람끼리 잡담을 하고, 강한 경우는 옆 사람과 잡담을 한다.

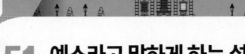

51 예스라고 말하게 하는 설득 방법은?

여러 가지 설득 테크닉을 상대의 상황에 맞춰 사용한다

일은 물론 사생활에서도 상대가 예스라고 대답했으면 하는 경우가 많이 있다. 예스를 끌어내기 위해서는 상대에게 얼마나 좋은 것인지를 전달해야 한다.

이때 플러스 면만 전하는 것은 **'일면 제시'**이다. 상대에게 좋은 것만 있다면 예스라고 대답하기 쉬워진다. 스스로 뭔가를 결정하는 것을 잘 못하는 사람에게 특히 유효한 방법이라고 할 수 있다.

단 나중에 마이너스 면을 깨달았을 때 '속았다'고 느낄 가능성도 들어 있다.

좋은 면과 나쁜 면을 제시하여 상대에게 선택하게 하는 것이 **'양면 제시'**이다. 당연히 좋은 면은 강조하고 나쁜 면은 작게 전달한다. 그래도 상대는 스스로 생각해서 선택했다고 납득하기 쉽고 양면을 다 밝힌 상대에 대해 공평성이나 신뢰감을 느낀다.

자신의 의견에 부정적인 상대를 설득할 때 효과적이라고 하는 방법으로는 결론을 먼저 말해 내용을 설득하는 **'안티 클라이맥스법'**이 있다.

이 외에도 간단한 부탁을 들고 가서 한번 예스라고 대답을 들은 후에 요구하는 **'단계적 설득법'**도 있다. 반대로 어려운 부탁을 해서 '못 한다'고 했을 때 '그럼 이건?'이라고 간단한 요구를 하는 **'양보적 요청법'** 등 심리학을 이용한 설득 테크닉은 다양하다.

설득을 위한 2가지 테크닉

사람을 설득하기까지의 과정이나 작용을 설득적 의사소통이라고 하는데 몇 가지 테크닉이 있다.

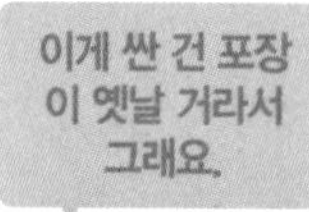

양면 제시

사물의 플러스 면과 마이너스 면 양쪽을 상대에게 말하고 물건을 파는 방법. 일시적으로는 단면 제시보다 유효한 테크닉이라고 한다.

일면 제시

사물의 플러스 면만 부각하여 물건을 파는 방법. 상대가 살 마음이 있거나 선택지가 많아 망설이고 있을 때 쓰면 좋다.

부메랑 효과

설득하려고 하면 할수록 설득당하는 쪽이 반발하여 역효과가 되는 심리적 현상. 일면 제시의 경우 갑자기 상대가 태도를 바꿔 버리는 경우가 있다.

그 외 편리한 설득 테크닉

상대를 자신의 페이스에 말려들게 하고 싶다면 적절한 설득 테크닉을 사용할 필요가 있다. 상대의 심리 상태를 읽고 여러 테크닉을 사용해 보자.

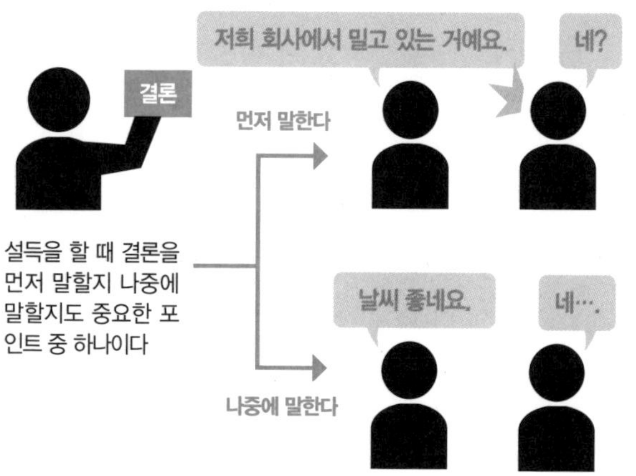

안티 클라이맥스법

처음에 중요한 이야기(결론)를 말하고 나중에 상관없는 이야기를 하는 방법. 듣는 사람의 관심도가 낮은 경우에 사용한다.

클라이맥스법

처음에 별로 상관없는 이야기를 하고 나중에 중요한 이야기(결론)를 하는 방법. 듣는 사람의 관심도가 높은 경우에 사용한다.

52 거절해도 싫어하지 않게 만드는 방법이 있다

상대를 납득시키면서 자신의 요구도 포기하지 않는다

설득과 마찬가지로 매일 필요하지만 어려운 것이 다른 사람의 부탁을 거절하는 일이다. 거절을 못해서 어쩔 수 없이 따라야 하는 경우는 물론 상대에게 좋게 보이고 싶은 마음에서 거절하지 못하는 경우도 있다.

의사소통에는 3가지 타입이 있다. 자신의 의견을 일방적으로 주장하는 **'직접적 반응'**은 부탁을 받은 경우 '무리예요!'라고 거절하는 경우이다.

이에 반해 자신의 의견을 주장하지 않는 것은 **'비주장적 반응'**으로, 싫은 부탁이나 무리한 일이라도 거절하지 못하고 참고 받아들이고 만다.

직접적 반응의 경우 상대와의 관계가 나빠질 위험이 있고, 비주장적 반응의 경우는 스트레스가 쌓여가기만 한다. 이에 반해 자신의 주장도 하면서 상대의 납득도 얻기 위한 의사소통 테크닉이 **'주장적 반응'**이다.

상대의 요구를 받아들일 수 없다. 이 일에 대해 먼저 마음을 담아 사과를 한다. 그 다음 거절하는 이유를 객관적으로 말한다. 그 후 대안책을 제시한다.

이 단계를 밟으면 **상대는 거절당한 것을 납득하고 대안책에 따라 형태는 달라도 어느 정도 요구가 받아들여졌다고 느낀다.** 상대를 배려하면서 자신의 의견도 받아들여 주므로 서로 윈윈이라 할 수 있다.

스킬을 사용하면 거절을 잘할 수 있다

부탁을 받았을 때 대응하는 3가지 의사소통이 있다. 어떤 방법을 선택해야 상대에게 미움을 받지 않고 거절할 수 있는지를 소개하겠다.

무리예요!
이기적인 사람이네!

직접적 반응

부탁을 받았을 때 상대에게 무리라고 자신의 의견을 일방적으로 밀어붙이려고 한다. 자신의 의견은 통할지도 모르지만 원한을 남길 가능성이 있다.

출근 부탁해.
네….
출근하면 주말여행은 어떻게 해?

비주장적 반응

자신의 주장을 일절 하지 않고 상대의 부탁을 전면적으로 받아들인다. 무리한 부탁도 참고 들어주기 때문에 결과적으로 자신이 힘들어진다.

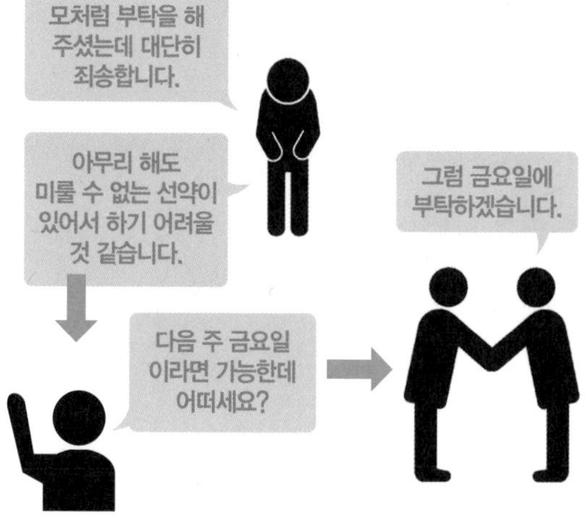

모처럼 부탁을 해 주셨는데 대단히 죄송합니다.
아무리 해도 미룰 수 없는 선약이 있어서 하기 어려울 것 같습니다.
다음 주 금요일이라면 가능한데 어떠세요?
그럼 금요일에 부탁하겠습니다.

주장적 반응

상대를 배려하면서도 자신의 주장을 한다. 구체적으로는 먼저 쿠션 표현을 곁들여 성의를 담아 사과한 후 거절하는 이유를 말하고 대안책을 제시한다. 부탁을 거절해도 서로의 관계를 원만하게 유지할 수 있는 의사소통 기술이다.

53 제안은 맛있는 식사와 세트로

좋은 감정을 공유함으로써 상대에 대한 호감도도 올라간다

부탁받거나 상담해 줄 때 자신의 상태가 좋지 않으면 상대방을 생각할 여유가 없다. 상대의 이야기를 잘 듣는 태도를 취할 수 있을 때는 자신에게 여유가 있을 때이다.

더욱이 자신의 기분이 좋을 때라면 상대에게 다가가 어떻게든 해 주고 싶은 마음이 생기는 것이 보통이다.

때문에 사람은 특히 맛있는 식사를 할 때 만족감과 행복감이 올라가 상대의 제안을 받아들이기 쉬워진다. 이를 **'런천 테크닉'**이라고 하는데 심리학적으로 증명되어 있다.

미국의 심리학자 라즈란은 실험 참가자와 식사를 하면서 자신의 의견을 설명하고 식사 전과 식사 후의 인상을 비교하는 실험을 했다. 그 결과 참가자들이 라즈란에 대한 호감이 높아진 것은 식사 후였다는 결과가 나왔다. 또 식사 중에 이상한 냄새가 나게 했더니 참가자들은 라즈란의 이야기에 부정적인 감정을 가졌다고 한다.

호감도를 높이고 싶을 때나 자신의 의견이나 요구를 받아들이게 하고 싶을 때는 상대와 좋아하는 것을, 좋은 분위기에서 같이 먹는 것이 효과적이다. 첫 데이트로 식사를 선택하는 경우가 많은 것도, 비즈니스맨이 회식을 마련하는 것도 이 테크닉을 자연스럽게 활용하고 있는 것이다.

식사는 제안의 아군

식사는 제안을 하기에 딱 안성맞춤인 자리이다. 제안은 식사 때를 많이 이용해 보자.

이 사람 별로인데….
이 사람 괜찮을지도….
이 식사도, 이 사람도 왠지 싫다….

자신에게 호감을 갖고 있지 않은 상대가 호감을 갖게 하려면 어떻게 해야 할까?

런천 테크닉

같이 맛있는 식사를 하면 식사 전보다 식사 후가 상대에 대해 더 호감을 갖게 된다는 것.

악취가 나는 방에서 상대와 식사를 하면 상대의 호감도가 내려간다. 또 상대가 싫어하는 것을 같이 먹었을 때도 상대의 호감도가 내려간다.

미러링으로 효과를 배로

둘이서 식사를 할 기회가 생겼다면 매력을 보여줄 기회이다. 상대의 동작을 따라 하는 미러링 등의 테크닉을 구사하여 나에 대한 상대의 인상을 올리자.

이 스프 맛있네.
응, 스프 맛있네.

식사 중에 상대의 말을 은연중에 따라하면 상대는 기분이 좋아진다.

상대가 잔을 들면 나도 같이 잔을 드는 등 자연스럽게 행동을 반복하면 상대의 관심을 끌 수 있다.

저녁 이후가 더욱 좋다!

사람의 마음이 불안정해지는 '보디 타임'. 이 시간에 같이 식사를 하면 친밀도는 더 올라간다. 또 분위기 좋은 조명이 있는 가게를 권장한다.

54 과감한 코스프레로 이상적인 자신으로

복장을 바꿔 기분도 바꿔 보자

경찰관을 보면 자연히 몸이 긴장되는 경험이 있을 것이다. 그런데 똑같은 사람을 길에서 봐도 사복을 입고 있을 때는 그런 느낌이 없다. 이렇게 제복의 효과는 절대적이다.

예를 들어 젊어 보이는 옷차림을 하면 행동도 젊어지고 캐주얼한 옷차림은 행동도 터프해진다. 말끔한 정장을 입고 있으면 업무 모드로 바뀌게 된 경험이 있을 것이다.

'스탠포드 감옥 실험'에서는 실험 참가자를 간수 역과 죄수 역으로 나누고 각각의 제복을 입고 지내도록 했다. 그러자 간수 역은 점점 위압적이 되었고 죄수 역은 될 대로 되라는 식의 태도를 보였다. 그 변화가 너무 현저해서 위험하다고 판단해 2주일의 예정을 6일에 마감을 했다.

이런 현상을 심리학적으로는 **'유니폼 효과'**라고 한다. 유니폼에는 상대에 대해 이미지를 주는 효과와 동시에 본인에 대해서도 유니폼에 걸맞는 행동과 말을 하려고 하는 효과가 있다.

자기 속에서 '이렇게 되고 싶다'는 이미지가 있다면 '안 어울린다', '성격이니까 어쩔 수 없다'라고 포기하지 말고 **그 이미지에 맞는 복장이나 행동을 해 보자.** 그러면 점점 이상적인 이미지에 다가가 있을 것이다.

이상적인 자신은 복장에서 시작된다

복장은 입은 사람의 심리에 크게 영향을 준다. 되고 싶은 자신이 되기 위해서는 먼저 복장부터 갖추는 것이 지름길일지도 모른다.

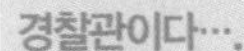

경찰관이다….

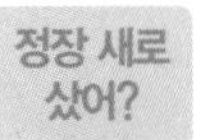

정장 새로 샀어?

따라해 봤어요.

유니폼 효과

착용한 제복의 직업적 이미지를 주위의 사람들에게 상기하는 효과. 동시에 그 제복을 걸친 사람이 역할에 맞춰 행동과 말을 하여 그 직업의 이미지에 다가가려고 하는 심리 상태가 된다.

동일화

존경하거나 동경하는 대상의 의상과 머리 모양 등을 따라 하여 욕구를 채우려고 하는 심리. 모두와 똑같이 함으로써 무리에서 벗어나지 않으려고 하는 자기 방어적 의미도 있다.

누군가 동경하는 상사 등이 있다면 먼저 그 사람이 보통 착용하는 옷 취향을 따라해 보자. 따라하는 중에 저절로 그 상사와 닮아간다.

코스프레로 다양한 자신을 연출

코스프레는 이상적인 자신에게 다가가는 지름길이지만 하나의 이상을 너무 추구하면 답답해지고 만다. 유니폼 효과를 역으로 이용하여 즐겨보는 것도 좋을 것이다.

젊어지고 싶어서 무리해서 젊게 보이는 옷을 입는 노인은 어딘가 안쓰럽다는 느낌이 든다. 젊은 옷차림으로 있으면 기분도 젊어지겠지만 현실과의 차이에 신경을 쓰자.

노화라는 자연적인 흐름을 받아들이지 못하고 성형 등을 반복한 결과 신경병을 앓는 경우도 있다. 무엇이든 도가 지나치면 문제가 된다.

리프레시

코스프레는 자신을 변화시키는 좋은 수단이므로 평소의 자신과 좀 다른 기분을 맛보는 정도로 활용하면 좋다. 가끔은 코스프레로 기분을 바꿔 보자.

잠 못들 정도로 재미있는 이야기
심리학

2023. 4. 12. 초 판 1쇄 발행
2024. 11. 27. 초 판 2쇄 발행

감 수 | 시부야 쇼조(渋谷 昌三)
감 역 | 김민경
옮긴이 | 이영란
펴낸이 | 이종춘
펴낸곳 | BM (주)도서출판 성안당
주소 | 04032 서울시 마포구 양화로 127 첨단빌딩 3층(출판기획 R&D 센터)
10881 경기도 파주시 문발로 112 파주 출판 문화도시(제작 및 물류)
전화 | 02) 3142-0036
031) 950-6300
팩스 | 031) 955-0510
등록 | 1973. 2. 1. 제406-2005-000046호
출판사 홈페이지 | www.cyber.co.kr
ISBN | 978-89-315-5832-6 (04080)
978-89-315-8889-7 (세트)
정가 | 9,800원

이 책을 만든 사람들
책임 | 최옥현
진행 | 김해영, 김지민
교정 · 교열 | 장윤정
본문 디자인 | 이대범
표지 디자인 | 박원석
홍보 | 김계향, 임진성, 김주승, 최정민
국제부 | 이선민, 조혜란
마케팅 | 구본철, 차정욱, 오영일, 나진호, 강호묵
마케팅 지원 | 장상범
제작 | 김유석